속, 해안선에 남겨진 이름들

김영수 여행에세이

문학공원 산문집 58

속, 해안선에 남겨진 이름들

김영수 여행에세이

뱀과 용
이스라엘의 단지파
그리고 단군과 Danoi

문학공원

책머리에

우리의 역사서에는 대륙과의 교류관계가 거의 전부이고 바다를 통해 오고간 문물의 교류에 대하여는 별로 이야기하고 있는 것이 없다. 그런데도 토인비는 그의 역사연구(A Study of History)에서 "바다로부터 도전 받은 한국"이라 적고 있다. 지난 2-30년 간 나는 세계의 해안지대들을 돌아다녔다. 그러면서 고대 그리스의 식민도시국가들도 만나고 우리의 고인돌과 유사한 거대한 돌무덤들도 무수하게 만났다. 그러면서 해안지대라는 곳이 얼마나 다양한 문화와 역사를 갖고 있는가를 가슴 깊이 느껴왔다. 그런 까닭에 나는 지나간 긴 역사 속에 우리의 해안선에서는 무슨 일들이 있었는지가 궁금하였다. 그래서 해안선 답사를 시작하였다. 강원도 화진포에서 시작하여 해안선을 따라 연구하며 내려오던 나는 전라남도 나주, 함평, 영광 등 지역에 이르렀을 때 수많은 '용(龍)'자가 들어간 지명과 사물들을 접하게 된다. 그야말로 용의 세계에 빠져들게 된 것이다. 또 다른 소용돌이는 모악산 기슭에서 만난 수많은 신흥종교들이었다. 어떤 연고로 이토록 많은 용(龍)들이 남아 살아 숨 쉬고 있으며 또 어떤 연고로 신흥종교집단들이 이토록 폭포처럼 쏟아져 나왔다는 말인가? 이 두 상황 앞에서 당시 나는 마치 헤어날 수 없는 깊은 소용돌이에 빠진 거북이 같은 상황이었다. 아무리 발버둥쳐도 앞으로 나아갈 수 없는 그런 형국에 처해진 것이었다. 처음에는 이들에 대한 의문을 파고들려 하였으나 점점 오리무중에 빠져드는 것을 느낀 나는 마음이 급해졌다. 서둘러 그간의 자료를 일단 정리하여 동해안과 남해안, 그리고 서해안의 영광에 이르는 구역을 대상으로 2014년 『해안선에 남겨진 이름들』을 출간하게 된다. 그러면서 위의 두 문제는 후일에 다루어야 하겠다고 생각했다. 그 이후로 나는 먼저 '龍'자를 파고들었다. 그 하나를 파고든 지 이제 6년이 되었다. 가끔 나를 찾아와 경고를 보내는 노쇠현상들에 쫓기며 이 문제에 대한 그림 하나를 희미하나마 그리게 되었다. 아직 명료하진 않지만 더 이상 혼자서 붙잡고 있는 것이 오히려 연구 진척을 가로 막는 듯하여 같은 분야에 관심 있는 많은 분들과 열린 논의를 위해 세상에 내놓는다.

이렇게 되면 분명 진전이 있을 것이다.

신흥종교 문제와 관련해서는 영광에서 강화도에 이르는 서해안 일대의 초기 기독교 관련 성당 및 교회 등과 고대 자료를 모아놓은 박물관, 그리고 동학과 원불교를 비롯한 여러 종교들의 시설과 관련된 박물관등을 답사를 하였고 이런저런 자료들을 수집해놓은 상태이지만 이 또한 방대하고 다루기 어려운 문제여서 용과 관련된 역사를 먼저 마무리한 후 별도의 집필에 들어가려 한다.

이 책을 집필하며 나는 주위의 도움이 필요하여 때때로 내가 연구하고 있는 건에 대하여 이야기하고 조언을 구하고는 하였다. 여러 분들의 도움을 받았으나 그 중에서도 직접 운전하며 탐사 여행에 동참해준 해군 OCS 동기 인치후, 故 정대환, 대마도 연구를 위해 관련 학자를 소개해준 배영길 교수, 귀한 서적과 정보들을 아낌없이 제공해주며 격려해준 김광로 김학수, 최경보 등 귀한 대학동기들과 해군동기 이상규와 정성우, 그리고 만날 때마다 유태인과 우리 민족에 대한 관련성 등 흥미로운 정보를 주며 나를 연구의 세계로 이끌어준 저명한 저술가 최종고 교수, 언제나 "합시다" 하며 연구 여행에 동참해준 대학 후배 양승주 사장 부부, 그리고 내가 절실히

필요로 했던 이스라엘 관련 자료를 구해주며 격려해준 소설가이기도 하며 형법 교수인 대학 후배 임웅 교수와 그의 신앙심 깊은 부인께 감사드린다. 또 귀한 시간을 내어 현장으로 나를 안내하고 지성으로 자료를 수집해준 후쿠오카 시가노시마 역사연구회 회장 坂本 正孝 씨와 연구회원 木梨 菅子 씨, 이들을 소개해주고 여러 문제를 창의적으로 완벽하게 처리해준 후쿠오카 Grand Hyatt 호텔의 谷 美華子 씨, 그리고 이것저것 귀찮은 요청에도 싫어하지 않고 각종 자료를 찾아준 이끼시마 도서관의 관계자 그리고 후학들을 위해 많은 기록을 남기신 학자 여러분께도 각별한 감사를 표한다.

끝으로 누구보다 『해안선에 남겨진 이름들』의 후편을 기다렸을 문학공원의 김순진 사장께 탈고가 늦어져 애를 태우게 한 점 양해를 구한다.

2021년 정월

바다가 내려다보이는 우거에서
저자 김 영 수

차 례

차 례

차 례

1부

'용'이라는 이름을 따라

그1. 해문대총림과 해신총본사

뱀 모양의 손잡이가 있는 금으로 된 도장

하카다항을 출발한 배는 시가노시마를 향해 파도를 일으키며 나아가고 있었다. 바다 물이 맑고 색이 참 곱다. 누런 인천

▲ 함평 용천사

앞바다에 익숙해있는 나의 눈에는 신기할 정도로 물이 맑다. 이어진 바다인데 어쩌면 이리도 맑다는 말인가! 하긴 우리의 남해의 물도 투명할 정도로 맑지 않았던가? 이렇게 맑은데도 이곳에서 잡히는 물고기가 오염되었다고 하여 어획이 금지되었다고 하니 보이는 것과는 다른 모양이다.

넓은 선실에는 우리 부부 말고는 아무도 없었다. 승선할 때는 몇 명이 보였었는데 지금은 안 보이는 것을 보니 아마도 이 맑고 푸른 바다가 좋아 갑판에 서 있나 보다. 머리가 맑아지며 지나간 일들이 생각난다.

▲ 용천사 용마루

전라남도 함평의 용천사 입구에 커다랗게 쓰여져 있던 해문대총림(海門大叢林)은 이름만 남아있을 뿐, 용천사의 주지승조차 그 연원을 얘기하지 못하고 있었다. 수많은 전란으로 기록들이 다 사라져 모르겠다며 마치 선(禪)문답하듯 해문이면 어떻고 아니면 또 어떠냐고 그는 말했었다. 마치 고인돌들이 그 연원을 알지 못하는 사람들에 의해 그저 커다란 돌덩이들로 인식되었던 것처럼 해문이라는 세력은 우리의 기록된 역사 속에는 그저 이름만 남아있을 뿐이었다.

해신을 모신다는 영암의 남해신사 역시도 그저 보존만 될 뿐, 관리인조차 해신이 어떤 모습으로 그려져 있는지 모르고 있을 정도로 용으로 상징되는 우리 역사 속의 해양세력들은 현세의 우리들에게는 잊혀진 존재가 되어 있었다. 그러나 우리의 역사 속에는 분명 해양세력들이 존재하고 있었고 우리의 피 속에는 이들의 피가 흐르고 있음을 부인하지 못한다. 영암 하류의 주룡강에 남아있는 덕진이라는 이름은 고대에는 '배가 닻을 내리던 곳'을 뜻하는 '도구준'이었다고 하고 이 이름이 해양세력들을 따라 진해의 진동만 그리고 일본 후쿠오카의 '추쿠지(築紫)'로 이동해갔다고 한다.[1] 추쿠지 역시 도구준의

▲ 영암 남해신사

다른 표기이며 의미 역시도 '배가 닻을 내리던 곳'이니 이를 미루어보면 우리의 남해안에 자리 잡았던 해양세력 중 일부가 일본으로 건너갔음을 알게 한다.

이 해양세력의 이동 경로를 탐색하던 나는 일본 후쿠오카시 앞바다에 있는 섬, 시가노시마(志賀島)에 해신사가 있음을 알게 되었다. 그곳에서 모시는 신이 어떤 모습인지 궁금함을 참을 수 없어 나는 지금 시가 해신사를 찾아가고 있는 중이다.

1) 임춘택, 왕인박사 일대기와 후기 마한 사. 영암문화원, 1998

하카다항(후쿠오카항)의 여객 터미널에서 시가노시마 행 배를 타고 약 30분 거리인 이 섬에 도착하니 금인(金印)공원과 해신사 표지가 나오는데 둘 다 해안도로를 따라 위치해있었지만 그 방향이 정반대였다. 금인공원이란 1784년 이곳에서 밭갈이를 하던 한 농부가 고대국가의 수수께끼와 관련 있는 뱀 모양의 손잡이가 있는 금으로 된 인장을 하나 발굴하게 되었는데, 그 금으로 된 인장이 중국 한(漢)나라의 황제가 일본의 노국(奴國) 왕에게 하사한 왕의 인장, 漢委奴國王이었다라고 일본 사람들이 결론을 짓고 나서 이를 기념하기 위해 만든 공원이었다. 이 금인의 발견으로 일본인들은 그들이 주장해온 고대국가, 야마도의 존재를 증명하는 역사적 유물이 발견되었다고 환희하였다. 이 도장과 관련하여 많은 학설들이 생겨나게 되었다. 위에서 말한 노국 왕에게 준 것이라는 설부터 시작하여 한반도의 어느 고대국가에 준 것이 이주민과 함께 이곳으로 흘러왔다는 설을 포함하여 수많은 이론들이 나타났다 사라지고는 하였다. 그러던 중 후쿠오카 서쪽 마에하라(前原)지역에 고대에 존재했던 '이토(伊都)'국이 그 금인을 하사 받은 나라라는 설이 일본인들의 마음에 들어앉게 되었다. 즉 위 금인상의 '위노(委奴)'를 '이토'로 읽은 후 한나라로부터 금인을 받고 나라를 인증 받은 존재가 바로 '이토국(伊都國)'이라고 주장하게 되었던 것이다. 이를 기념하기 위해 2010년에 마에하라를 중심으로 두 개의 마을(二丈町, 志摩町)을 결합하여 이토시(市)로 새로이 탄생시켰다. 이 이토시(市)를 중심으로 일대에는 수많은 고분들이 산재되어 있는데, 특히 4-5세기에 형성된 것으로 믿어지는 대형 고분(전방후원분)들이 많이 분포되어 있어, 이곳이 한때 역사의 중심지였음을 알게 한다. 출토품들은 주로 우리의 가야고분에서 출토되는 철촉, 철갑, 동경 등이어서 가야세력과의 연관성을 얘기해주고 있다. 5세기에 들어서며 백제의 영향을 받은 견혈식 석곽분이나 횡혈식 석곽분 등이 등장하는데 이들 고분에서는 백제의 왕가가 지방 정권에 수여한 환두대도(環頭大刀)들이 출토되고 있다. 이토시에서는 이 지역 고분에서 출토된 토기며 청동기 그리고 철제 제품들을 모아 박물관을 만들고 그 이름을 이토국역사박물관이라 부르고 있다. 학자들은 이 이토지역이 야마도국으로 확대 발전되었고 나라지역으로 그 중심이 옮겨 갔다고 믿고 싶어 한다.

어제 찾아갔던 이토시는 작은 시골 도시였다.

후쿠오카시 나카스가와바다(中洲川端)역에서 출발한 전철은

▲ 시토 고인돌 군

이내 시내를 벗어나 한적한 해안 마을들을 지난다. 들락날락 하는 푸른 바다를 보며 해안선을 따라 서쪽으로 약 1시간 가니 목적지인 하타에역이 나온다.

'하타'가 무엇인가? '하타'는 신라에서 건너가 고대 일본의 건설에 주역을 담당한 일족, 진(秦)씨족을 부르는 말이며 '에'는 수읍을 뜻하는 말이니 '하타의 수읍'이라는 말이 된다. 일설에 의하면 이 진씨족이 유태계라고도 하는데 이들이 철기 문화를 가지고 들어와 일본에 일대 변화를 몰고온 사람들이라 믿어지고 있다고 한다. 이들 진씨족이 일본으로 건너와 세력을 형성한 곳이 이곳인가? 일본 고대지명사전에 의하면 이 진

▲ 시토 고인돌 무리에서 바라본 가야산

씨족이 집단으로 이주하여 지배 세력을 형성한 곳은 전국적으로 여러 곳이 있다. 나라현 마쓰야마 지구를 비롯하여 고지현 그리고 시마네현, 효고현 등 규슈와 혼슈 여러 곳에 분포되어 있다.[2)]

일본 지명사전에 의하면 하카다의 博多를 비롯하여 각지에 산재 되어있는 지명 중 波多, 또는 八多, 八田이나 八幡이라는 이름의 신사(셀 수 없이 많음)는 전부 이 진(秦)씨족과 관련이 있다고 한다. 역 주변에 작은 택시 주차공간이 있었다. 택시를

2) 大和岩雄, 秦氏 硏究, 大和書房, 30쪽에 의하면 진(秦)씨족의 고향은 가야라고 기술하고 있다.

타고 역 주변을 벗어나니 이내 시골다운 면모가 나타난다. 이곳에 우리의 고인돌 무리 같은 지석묘 군이 있다고 하여 찾아가고 있는 것이다. 논밭 사이로 난 작은 길을 이리저리 한 10분 정도 나아가더니 이내 다 왔다고 한다.

택시에서 내려 보니 작은 안내판이 보인다. 시토(志登) 지석묘군이라 표기되어 있었다. 그런데 기대했던 커다란 고인돌은 보이지 않고 낮게 지면에 놓여진 작은 바위들만 몇 개 보인다. 2,500년 전에서 2,100년 전의 소산이라 알려진 이곳 고인돌은 커다란 우리 개석식 고인돌의 축소판이었다. 바윗돌을 무덤 위에 올려놓은 이 고인돌들의 지하에서 한반도에서 출토되는 석촉들이 나왔다고 해서 고대 한반도와의 관계가 다시금 화제가 되었던 곳이다. 축소된 고인돌, 그것은 그들이 한반도에서 건너온 거석문화를 갖고 있는 사람들이었으나 한반도에서 한 것처럼 장대한 바위들을 운반하여 무덤을 만들 수 있을 정도로 그 집단의 세력이 크지는 않았음을 이야기하는 것이다. 서쪽 멀리 이 일대에서 가장 높다는 가야산(365m)이 검푸르게 보인다. '오래 전 옛날에 생존경쟁에서 살아남기 위해 한반도에서 건너와 고향을 그리며 가야산이라 산 이름을 명명하고 그곳을 향해 묻힌 사람들의 혼이 일본을 만들었구나.' 생

▲ 집집마다 있는 영령의 집을 닮은 신사

각하니 머릿발이 솟는 듯하다.

역까지 걸어가도 얼마 멀지 않을 듯하여 걷기에 나섰다. 작으나 정결한 마을이 나타난다. 그런데 집집마다 외곽에 신전 같은 구조물이 있는 것이 아닌가! 동남아 일대에서 볼 수 있었던 영령의 집(spirit house)이 집 외곽 입구에 서 있는 것이다. 동남아의 그것보다는 대체로 조금 크지만 이 신전들은 동남아처럼 집 외곽에 위치해있는, 그야말로 집집마다 있는 신전이었고 틀림없는 해양세력의 유물이었다. 우리나라에서는 사라진 해양세력들의 구체적 흔적을 이곳 후쿠오카현의 한 마을 하타에에서 찾은 것이다. 신전은 그 모양은 조금씩 달랐으나 그야말로 집집마다 없는 집이 없었다.

어째서 바다 건너 이토지역이나 아니면 이토가 발전적으로 옮겨 갔다는 나라지역에 있어야 할 금인이 바다 가운데 작은 섬에 있게 되었는지, 갖가지 추측을 불러일으키고는 있으나 아무것도 확실한 것은 없고 “아마도 변란이 있었을 것이다.” 라고 추정되고 있다. 변란이 일어나자 누군가 인장을 갖고 그 변란을 피해 섬에 숨어 지내다 그의 사후 인장도 같이 매장되었다는 것이다. 가장 그럴 듯한 설명은 이 금인은 1세기 때 한나라(後漢)의 광무제에 의해 나라(奈良)의 야마도(大和) 조정에 수여되어 보존되다가 야마도 황실을 주도하던 두 세력인 원(源), 평(平)씨 간 변란이 일어나 당시 6살이던 안덕천황이 후쿠오카지역으로 피신하는 사태가 발생하게 되었는데, 그가 피신하던 중 1185년 3월 24일 그를 보호하던 평(平)씨 세력이 해전에서 원 씨 세력에게 대패하게 되어 천황이 모후의 품에 안겨 후쿠오카 만에 투신하였다는 설이다. 이때 왕실의 보물이던 금인이 누군가에 의해 이 시가노시마지역으로 흘러 들어오게 되었고 그 후 몰래 보관되다가 보관자가 죽자 묘지에 같이 묻히게 되었고 세월이 많이 지난 후 그 금인이 농부에 의해 출토되게 되었다는 설이다.[3)]

금인공원과 해신사 중 어느 쪽으로 갈까 잠시 망설이다가 금인공원에 먼저 들르기로 하였다. 조용한 시골 마을의 좁은 마을길을 따라 한참을 걸으니 해안도로가 나온다. 푸른 파도가 해안옹벽에 부딪쳐오는 파공음을 들으며 한곳에 이르니 마치 공룡의 알처럼 생긴 바위들이 바닷물에 잠겼다가 다시금 고개를 내밀고는 한다. 우리의 남해에도 공룡알 화석들이 무수히 발견되는데 이곳에도 있구나 생각하며 아무런 표식이 없는 점으로 미루어 아직은 학계에서 관심을 두지 않고 있는 모양이다 생각하니 공연히 가슴이 두근거린다. 새로운 발견을 한 사람모양 나는 잠시 공상에 잠긴다. 이 사실을 한국 학계에 알려 줄까? 아니, 일본 사람들이 공룡알이라고 알았으면 가만히 놓아두었을 리가 없지, 아마도 공룡알이 아닐 거야. 혼자서 이런저런 공상을 하며 자꾸 뒤를 돌아보게 되는데 아무리 보아도 그것은 공룡알을 닮고 있었기에 다시 돌아가 몇 장의 사진을 찍었다. 금인공원은 그 공룡알 추정지역을 지나 20분 정도 더 걸어간 해안지대의 가파른 언덕에 자리 잡고 있었다. 거의 절벽이었다. 금인은 그곳 절벽 윗부분의 고분에서 발견되었고 그것을 기념하여 '금인공원'이라고 금색으로 쓰여진

---

3) 이종환, 고대 가야족이 세운 구주 왕조 33-34쪽, 대왕사 1987

▲ 금인공원 석비

커다란 석비를 해안가에 있는 공원입구에 세워놓고 있었다.

마침 공사 중이어서 출입금지 팻말이 붙어있었으나 일요일이어서인지 공사현장에는 아무도 없었다. 몇 번을 망설이다가 '여기까지 왔는데 보지 않고 그냥 갈 수는 없지 않은가?'하고 생각되어 공원 안으로 들어가니 가파른 계단이 이어진다. 수십 개의 계단을 오르니 장대한 고목의 굵은 가지들이 그늘을 만들고 있는 밑에 금인 발견 장소 표지가 있었다. 그곳에 서니 푸른 파도가 내려다보이고 멀리 후쿠오카의 산들이 보인다. 이토지역의 가야산도 그 산들 중에 포함되어 있겠지. 사후에도 떠나온 가야

▲ 시가노시마 금인 공원 안내판

산을 보라고 이곳에 안치한 것일까? 정변을 피해 이곳으로 온 뒤 돌아가지 못하고 세상을 떠나며 모든 비밀을 간직한 인장을 안고 이곳에 묻힌 가야산 근처에 살던 그 사람은 누구일까?

아무래도 나라의 야마도 정권에 있던 인장이 변란으로 후쿠오카 앞바다에서 유실되어 그 후 이곳 시가노시마라는 작은 섬에서 발견되었다는 설명은 억지 같다. 그 인장이 천황이 변란 중에도 휴대하고 다닐 정도로 그토록 소중한 것이었다면 일본의 역사서에 어떤 형태로든 기재가 되어 있어야 되는데 한으로부터 금인을 받았다는 기록은 『일본서기』나 고사기에는 단 한 줄도 언급이 없다. 그 대신 오직 후한서에 금인을 왜에 하사하였다는 기록이 나오는데 그것은 시가노시마를 비롯한 이곳 후쿠오카지역에 나라 천황가의 세력과는 별도로 중국과 통교 할 정도의 세력이 있었음을 증명하는 것일 것이다. 혹시 시가노시마에 이 금인이 있어야 할 당위성이 있었던 것은 아닐까? 시가노시마가 해양세력의 중심지여서 이곳에 금인이 매장되는 것이 당연했을 인사가 사후에 고향에 돌아와 금인과 같이 묻힌 것이 아닐까? 온통 거짓과 진실 호도로 가득한 일본 역사서가 천황가의 정통성을 세우기 위해서 그리 되었다면 그리고 이곳 금인이 그 정통성 세우기에 중요한 것이었다면 금인 기록은 반드시 역사서에 나와야 했다. 그렇지 못한 것을 보면 이 금인 사건은 천황가와는 무관한 지방 정권의 일이거나 아니면 다른 지역에서 흘러온 세력들의 지나간 세월의 흔적으로 보인다.

함평의 해문대총림, 용천사와 시가노시마(志賀島)의 해신 총본사, 해신사(海神社)

이런저런 생각을 하며 나는 해신사 방향으로 발길을 옮겼다. 약 한 시간 가까이 걷는데 시장기가 느껴져 여러 식당들을 찾았으나 하나같이 현금만 받는다고 하니 돌아갈 뱃삯만 겨우 가지고 있는 나로서는 점심을 먹을 방법이 없다. 어느 집이나 카드를 받는 우리나라하고 같으리라 막연히 생각하고 온 것이 결국은 착오였다. '그래 라마단이라고 생각하고 참자.' 라고 마음을 정하고 해신사 위치를 생각하며 계속 걸어갔다. 해안도로에 연하여 있는 숲이 짙은 작은 언덕이 보이고 그 입구에 해신사를 알리는 표지가 서 있다. 신사로 오르는 길은 많은 계단으로 이루어져 있었다. 마치 순례하듯 한 계단 오를 때마다 경배하며 오르도록 한 것일까? 계단 양옆에 세워진 석탑들을 보며 한참을 오르는데 나중에는 나도 모르게 겸허해져 있는 자신을 발견하게 되어 기이한 생각도 들었다.

신사의 외양은 보통의 다른 일본 신사들과 크게 다를 바가 없었다. 우리의 해신사처럼 벽에 그림이 그려진 것도 아니고 동남아의 집집마다 있는 신전(영혼의 집)을 확대해놓은 듯한 모습이라고나 할까 어찌되었든 특별한 신전의 모습은 아니었다. 아무런 상(像)을 발견하지 못한 나는 혹시나 하여 신사 행정실에 가서 신사관련 역사를 묻게 되었다. 하얀 수사복을 입은 분이 자료를 하나 준다. 보니 표지에 '해신의 총본사'이고 '용의 도읍(都邑)'이라고 쓰여 있다. 내가 용이라는 표기에 흥미가 생겨 '왜 용이냐?'고 물으니 그 수사는 의외로 간단히, 그러나 '혹시나 잘못 대답하지 않을까?' 염려하는 표정으로 머뭇거리며 답한다. '바다의 신은 원래 용으로 표현되는 것 아니냐?'는 반문이었다. '용천사'와 '해문대총림'이 현해탄 넘어 하카다만의 한 섬에 '용의 수도'와 '해신의 총본사'라는 이름으로 남아있음을 알게 된 나의 흥분을 이 수사는 이해하지 못하고 '용은 해신의 상징'이라는 당연한 것을 묻는 나를 아직도 의아한 표정으로 쳐다보고 있었다.

하카다 만의 앞바다에 있는 섬이어서 대해로 나가는 전진기지 성격이었기에 먼 바다로 나가는 바다사람들의 가호를 빌기 위해 해신사가 있다는 그런 단순한 연원이라면 '용의 도읍'이라는 표현을 후세 사람들이 쓰지 않았을 것이다. 이 표현 속에는 이곳이 용으로 표창되는 세력들의 대총림이라는 사실이 내재되어 있음이 분명했다. "해문의 대총림이었어! 용으로 표현되는 해양세력들의 머리가 되었던 곳이었다는 말이야!" 라고 나는 속으로 외치고 있었다. 이 신전은 다름 아닌 일본 판 '함평 용천사'였던 것이다. "'용천사'라는 이름도 결국 용의 본거지라는 뜻이고 결국, 용의 수도라는 말과 그 표현만 다를 뿐 같은 의미를 지니고 있었구나!"하고 나는 순간 깨닫는다. 그렇다면 금인이 이곳에 묻힌 것도 자연스런 일이다. 또 하나 특이한 것은 이 신사의 기록에 의하면 이곳이 하카다만을 지키는 역할을 하는 신전이었다는 것인데 그렇다면 바다로 나가

▲ 시가노시마 해신사

는 사람들의 보호보다는 바다 건너 침입해오는 세력의 경계에 더 뜻이 있었다는 얘기가 되는 것이다. 한반도의 세력 다툼에서 패하여 일본으로 쫓겨 온 세력들이 한반도에 있는 세력들로부터 계속적인 압박을 받고 있었다는 방증이기도 한 것이다. 얼마나 두려움이 컸으면 이들이 바다 속, 바다 표면, 바다 위를 각각 지키는 세 명의 신 등 삼좌(三座)의 신위를 모시게 되었을까?

문무대왕이 '왜(倭)'라는 세력의 침입을 극히 두려워하여 경주 토함산의 정상, 일본으로 연결되는 바다가 내려다보이는 곳에 탈해왕의 분골을 안치하고 사당을 세웠으며 그 자신이

▲ 시가노시마 해신사 경내 거북바위의 유래

동해 파도 속에 몸을 담아 동해의 용이 되어 왜구의 침입을 경계하였다는 기록, 그리고 후대 사람들이 골굴암에 마애여래좌상을 조각하고 감은사에 기원탑을 세웠는데 이들 모든 행위가 왜구의 침입을 막기 위한 경계조치가 아니었던가! 이 경계조치를 연상케 하는 고대 일본인들의 대 한반도 두려움이 이곳 시가노시마의 해신사에 바다 속, 바다 표면 그리고 바다 위를 지키는 삼좌의 신으로 표현되어 남아있는 것이었다. '그래, 분명 이들은 두려움에 떨었어.' 나는 그렇게 혼잣말로 애기하고 있었다.

그들은 이 삼신을 綿津見神으로 표기하고 읽기를 '와다쓰미 가미'라고 읽고 있었다. 그리고는 각기 그 이름 위에 바다 가운데, 바다 밑, 바다 표면을 의미하는 나가쓰(仲津) 소고쓰(底津), 우하쓰(表津)를 더하여 세 명의 신을 표기하고 있었다. 용의 수도라며 왜 그 모시는 신은 '와다쓰미'라고 부르고 있을까?

가미라는 이름은 신을 뜻하는 보통명사이니 중요한 것은 '와다쓰미'가 '무엇을 의미하느냐?'였다. 신사에서 나에게 준 안내문에는 바다의 주재신이라는 설명이 있을 뿐이었으나 바다의 주재신을 왜 와다쓰미라고 부르는지에 대하여는 아무런 설명이 없었기에 여전히 혼란스러웠다.

여러 달 후 내가 두 번째로 시가노시마를 방문했을 때 만났던 향토 연구회의 대표 사카모토 씨로부터 선물 받은 시가노시마 이야기(모노가다리, 物語)에는 '와다'는 한국어 '바다'의 전화된 형태라고 설명되어 있었으나 '쓰미'에 대하여는 명료한 설명을 하지 못하고 '령(靈)'이라고 얼버무려놓고 있었다. 나중에 안 일이지만 이는 '용'을 의미하는 한국어였고 대마도에도 같은 발음의 다른 표기의 신사가 있었다.[4] 그러니까 와다쓰미신은 바로 '바다의 용'이었던 것이다.

이 섬이 흥미로운 점은 그것뿐 아니었다. 섬의 지도를 보던 내 눈에 적뢰(赤瀨), 흑뢰, 백뢰 등 마치 적룡(赤龍), 흑룡, 백룡에 대응하는 지역으로 보이는 곳들이 있는 점이었다. 적룡이 누구인가? 석탈해를 호위하여 신라의 경주해안에 상륙한 무리의 이름이 적룡이 아니었던가! 흑룡, 백룡 등도 우리의 역사서에 기록된 일군의 해양계 사람들이다. 그뿐이 아니었다.

4) 이병선 박사, 임나국과 대마도, 320쪽, 아세아문화사 1987'에 의하면 대마도에 있는 和多都美 신사는 '와다쓰미'라고 읽혀지는데 '와다'는 우리의 '바다'이고 '쓰미'는 사이 'ㅅ' + 용을 뜻하는 고어 '배미'의 결합 형태로서 전체적으로 '바다의 용'을 뜻하는 것인데 '배미'에서 발음 편의상 '배'가 탈락되었다고 설명되어 있었다.

신들이 놀던 계곡수를 뜻하는 신유뢰(神遊瀨)라고 하는 지역이 있는가 하면 시가 해신사 부근에는 천룡천이라는 내가 흐르고 있었고 궁(宮)이라는 이름도 여러 곳에서 발견되고 있었다. 후한서에 나오는 9이(夷)인 황이, 현이, 백이, 적이 중에서 황이로 생각되는 황룡은 주로 고구려 일대에 지명으로 또는 역사적 기록으로 남아있고 현이에 해당되는 흑룡의 이야기는 백제시절 나타났다는 삼국사기의 기록이 있으며 나주를 비롯한 남해안 일대에는 용과 관련된 지명이 용천, 용강, 천룡 등 이름으로 수없이 남아있다.[5] 흑룡이 나타났다는 사실을 매우 특이한 사태로 기록하고 있는 삼국사기의 태도로 보아 흑룡은 가까이에 거주하던 무리가 아닌 것이 분명하다. 이 흑룡들이 할거하던 곳이 혹 이곳 시가노시마가 아닐까?

적룡에 대한 지명 역시도 우리나라에서는 찾을 수 없는데 적룡으로 분류되는 세력이 일본지역에 있었던 것은 석탈해 전설에 의해 분명한 것으로 보인다.

석탈해는 원래 다파나(多婆那)국 출신이라고도 하고 용성(龍城)국 출신이라고도 하는데 둘 다 바다를 연상케 하는 이름으

5) 김영수, 해안선에 남겨진 이름들, 93-108쪽, 문학공원, 2014

로 이곳 시가노시마가 혹시 다파나국이었고 용성국이기도 했던 것은 아닐까? 용을 상징하는 신사가 있는 곳 그를 호위했다는 적룡을 연상케 하는 적뢰도 그리고 궁성도 있는 곳, 이곳에서 일어난 모종의 변란으로 인해 이곳을 탈출하여 처음에는 선조들의 원 고향인 가락국으로 갔다가 그곳 세력에 의해 쫓겨 다시 경주의 해안에 상륙한 석탈해, 그는 왜인으로 알려져 있다. 금인 역시 그 변란의 중심에 있었던 인장이 아닐까? 광무제나 석탈해가 다 비슷한 시기 사람들이다.

시가노시마 마을 이름 중에는 다파나를 연상하게 하는 단파(丹波)라고 하는 마을이 있고 한반도로부터 현해탄을 건너온 무리 들(신)이 상륙하였다는 해안 바로 가까이에 고대에 세워진 용을 모시는 신전(沖津宮, 仲津宮, 表津宮)들이 있으며 그 인근에 고려(高麗)라는 촌이 있다.

이뿐만 아니라 그곳 가까이의 한 해안을 마을 사람들은 일본 개국 신화의 시작 지점으로 알려진 다카마노하라(高天原)라고 부르고 있었다.[6] 고려촌지역은 지금은 밀림이 되어 마을

---

6) 두 번째로 시가노시마를 방문했을 때 나를 안내하였던 사카모토씨 일행의 설명에 의하면 흑뢰(黑瀨), 백뢰(白瀨), 적뢰(赤瀨)는 의외로 바닷가의 검고 하얗고 붉은 바위섬을 일컫는 이름이었다. 그럼에도 불구하고 이들이 뢰(瀨)라고 하는 한자를 왜 '세'로 읽고 있는 지에 대하여는 설명하지 못하고 있었다. '세'는 우리의 고대어에 '서울, 즉 수도'를 일컫는 말이기도 하여 의문은 계속 남는다. 이뿐 아니라 적뢰 등이 있는 바닷가에는 용궁뢰라는 곳도 있는데 우리의 용궁 전설과 비슷한 이야기인,

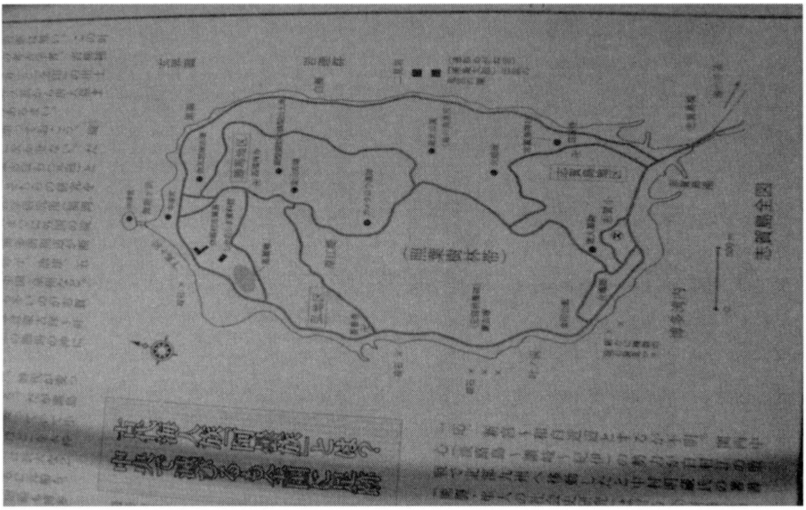

▲ 시가노시마 전도

은 사실상 사라지고 없었다. 이들이 혹시 고의로 역사를 왜곡하기 위해 지우고 있는 것은 아닌지 의심이 간다. 한국말에서 유래되었다는 많은 지명들이 그 표기가 바뀌고 옛 흔적을 지우고 있는 현상은 일본 전국에서 볼 수 있다.

고대 남해안 일대에 포진되어 있던 해양계 사람들 중 포상8국이라는 세력이 있었는데 그들이 웅거하였던 곳과 그 이름들이, 골포(骨浦), 칠포(漆浦), 고사포(古史浦) 등과 사물국(史勿國), 보라(保羅) 등으로 확인되고 있으나 이상하게 이들 5개국

용궁에 다녀온 사람들의 전설이 이곳에 깃들어 있다고 했다.

▲ 시가노시마 역사연구회 회장 사카모토 씨(왼쪽)

을 제외하고는 국내에서 그 근거지 또는 이름이 확인되고 있지 않다. 없어진 3개국, 우리가 찾지 못하고 있는 고대의 이들 3개국이 혹시 시가노시마에 남겨져 있는 적룡, 흑룡, 백룡 등과 관련이 있지 않을까?

진구왕후와 용으로 상징되는 집단

이곳 시가노시마는 일본 역사서에 나오는 진구(神功)왕후의 삼한정벌 전진기지였다. 3세기에 있었다는 정벌을 위해 출산까지 미루며 왕후가 이곳에서 그 성공을 위한 제를 지냈다는 기록이 신사 경내에 남아있다. 경내 한 곳에는 왕후가 7일7야 무사귀환을 기도하였더니 황금거북을 탄 신이 나타나 천 개의 보주를 주며 격려하였다며 신이 타고 왔다는 거북을 닮은 바위가 모셔져 있었다. 이때 나타났다는 신의 이름은 시가명신 등 2명인데 명신(明神)이란 박혁거세와 관련이 있는 이름으로 대체로 신라계 신을 가리킨다. 또 전설에 의하면 진구왕후가 대 신라 정벌군을 꾸릴 때 여러 세력들이 이에 응해 출진하였으나 유독 바다 밑의 용이 이에 응하지 않았다고 하는데 이는 바다 밑 용, 즉 시가노시마 해신사에 모셔진 3신 중 소고쓰(底津見神)가미가 실제로 존재하였던 세력의 하나였음을 이야기하고 있는 것이다. 이런 점 등에 비추어 이곳 시가노시마가 고대 일본에 있어서 중요한 의미를 지닌 지역이었음을 알게 한다. 혹시 2명의 시가명신이 소고쓰가미를 제외한 두 세력, 즉 바다 표면과 바다 위를 관장한다는 용, 나가쓰(仲津)와 우하쓰(表津) 와다쓰미를 말하는 것은 아닐까?

진구왕후의 삼한 정벌 전설과 관련하여 그 전진기지가 되었던 곳은 한 곳 더 있다. '카시이 궁'이라는 곳인데 후쿠오카에서 가고시마 본선 JR을 타고 카시이쿠 역에서 내려 15분 정도 양옆으로 커다란 고목들이 도열하고 있는 참배도를 걸어가면 고목들의 숲이 있고 그 안에 신전 형태로 남아있다. 이곳 정원에는 왕후가 신라에서 가져왔다는 오래된 삼나무가 한 그루 있는데 오랜 연륜으로 심하게 꿈틀거리는 이 나무는 그 전설이 사실이라면 무려 1,700 - 1,800살이 넘는 나무가 되는 것이다. 고목인 것은 분명한데 아무리 보아도 그 나무가 그토록 오래되었다고는 보이지 않았다. 원래의 고목은 죽고 그 자손이 고목이 되어 있다는 얘기를 후에 다른 곳에서 들었다.[7]

7) 내가 두 번째로 시가노시마를 방문했을 대 나를 안내하던 향토 연구모임의 회장 사카모토 씨가 설명한 내용이다.

▲ 카시이 궁 삼나무

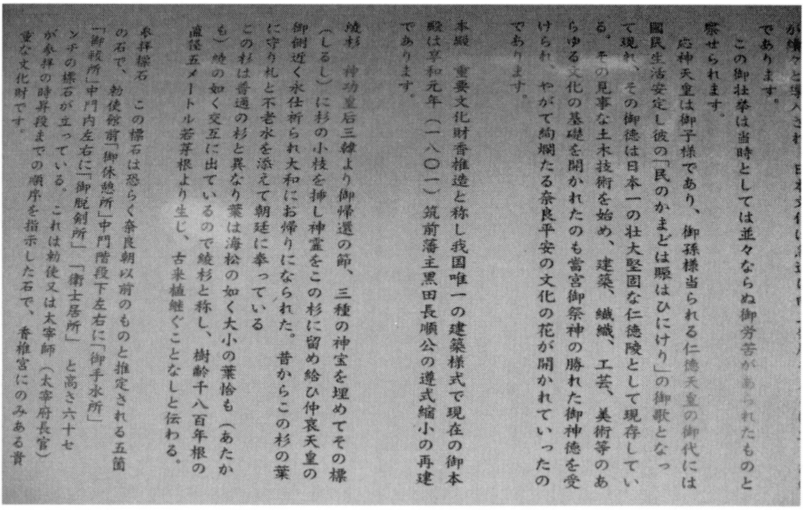

▲ 삼나무를 삼한지역에서 가져왔다는 표지판

경내에는 왕후와 그녀의 남편인 쥬아이(仲哀) 천왕과 그의 아들인 오진(應神) 천왕을 제사하는 신전이 있었다.

내가 카시이궁을 찾아간 날에 신전에서는 마침 결혼식이 열리고 있었다. 양가의 가족과 가까운 친지들로 만 구성된 것으로 보이는 소수 인원이 기모노 등을 입고 도열하여 신전 안으로 들어가는 모습은 사뭇 진지하였다. 여왕은 이곳에 머물며 군사를 모으고 훈련을 한 후 시가노시마로 옮겨 출진을 위한 제를 해신에게 올린 후 배를 타고 출진하였다는 것인데 흥미로운 것은 우리 측 사서나 중국의 어느 사서에도 그와 관련된 흔적을 찾을 수 없는 점이라 하니 일본의 고대사는 참으로 수수께끼다. 어디로 출진하였는지 정말 승전을 했는지 여부도 모르고 전체적으로 보면 많은 부분 진실이 가려져서 그 실체를 알 수 없는 형편이 되어 있다. 어찌되었든 일본 현지에는 살아있는 전설이 되어 군사를 모았던 전진기지가 있고 한반도에서 가져왔다는 나무까지 심어져 있을 뿐 아니라, 출전을 위한 제를 지낸 현장이 있으니, 무엇인가 큰 규모 군사행동이 있었던 것은 사실인 듯하다. 국내 학자들 중에는 이 전설을 여왕의 대마도 정벌 기록으로 보는 분도 있다.[8)]

▲ 카시이궁에서 참례하는 사람들

운명을 건 전투를 위해 출진하는 사령관이 승전을 기원하는 제사를 지낸다면 천지신명이나 조상에게 조아리며 기원해야 하는 것인데 왜 해신에게 제사를 지내며 출진을 아뢰었을까? 바다를 건너가는 전투이니 그리하였다고 생각할 수도 있으나 바다를 건너가는 행위는 최종 목적지에 도착하기 위한 한 경로일 뿐 진정하게 승전을 위한 기원제였다면, 도해 이후의 전투에서의 승전을 위한 기원을 담아 조상에게 또는 천지신명에게 드려야 하는 것 아닌가? 그렇다면 이들 해신이 결국 진구왕후 세력의 조상이었다는 말인가? 진구왕후의 조상이 되어있

8) 이병선, 임나국과 대마도, 109쪽, 아세아문화사 1987

는 이들 해신은 누구라는 말인가? 나는 무엇인가 구름 사이로 서광이 비치는 느낌을 받는다. 그렇다 분명 해신은 이들의 조상이었다. 이들 해신의 정체를 밝히자 그러면 난마처럼 얽히고설킨 고대사의 한 고리를 풀게 되는 것이다. 나는 마음속으로 다짐하고 또 다짐하였다.

일본은 거짓된 역사 위에 세워진 나라라 이 사람들의 세계가 참으로 기이하다. 거짓으로 가득한 신전에서 이를 모르고 진지하게 기도하는 결혼식 참례자들처럼 일본인들의 진지함은 이상할 정도다. 사실을 은폐하기 위한 진지함인가? 한반도에서 가져왔다는 삼나무도 7세기경 약삼산(若杉山)에서 태조궁을 제사할 때에 산에 있던 삼나무의 가지를 잘라다 이곳에 심었다는 기록이 있다.[9)]

9) 池田善郎, 築前の故地名 小字, 36쪽, 石風社 2013

그2. 아홉 용, 여덟 용, 다섯 용
그리고 세 마리 용

선유도의 오룡묘

▲ 선유도 오룡묘

2018년 5월, 군산 앞바다에 있는 고군산열도 중 하나인 선유도를 찾아갔다. 신들이 놀던 곳이라는 그 이름 때문에 젊었던 시절부터 찾아가보고 싶었으나 배로 갈아타야 하는 번거로움 때문에 망설여지던 이 섬은, 지금은 육지와 연결되어 있었다. 선유도 버스정류장에서 내려 잘 포장된 도로를 따라 내려가니 길고도 아름다운 백사장이 나온다. 기러기가 쉬어간다는 평사낙안 백사장이다. 백사장 건너 거대한 낙타 등같이 생긴 기이한 바위산이 보인다. 바로 망주봉이다. 며칠 전 찾아보던 군산지역 자료에서 나는 이 망주봉에 오룡묘라는 사당이 있다는 사실을 알게 되었고 이 사당이 무엇인가 나에게 말해주고 있는 듯하여 나는 지금 그곳으로 가고 있는 것이다. 이 정보를 접했을 때 내 뇌리에

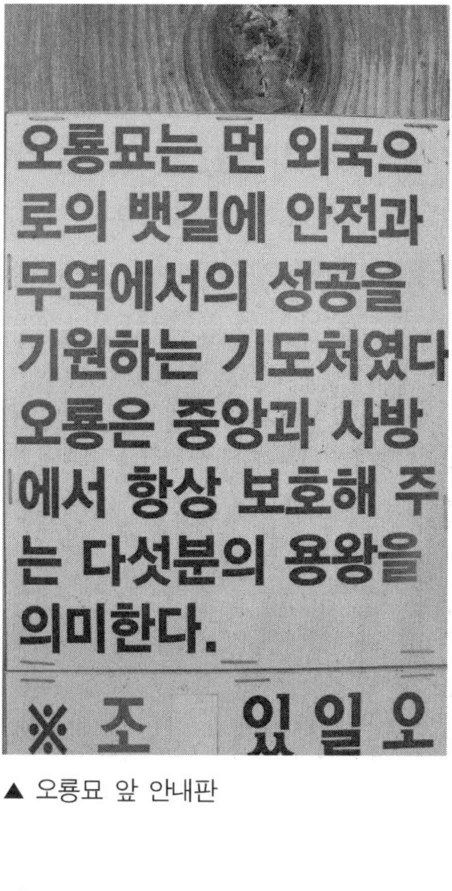

▲ 오룡묘 앞 안내판

처음 떠오른 것은 바로 의문이었다. "한 용도 아니고 왜 다섯 용이나 모시는 것일까? 무언가가 있다."고 나는 생각했고 그래서 지금 그곳으로 무엇인가의 기대를 하며 가고 있는 것이다.

망주봉 기슭에 자리 잡은 오룡묘 사당 앞에는 예로부터 바다 건너 항해를 해야 할 사람들이 무사 항해를 기원하며 제사 지내던 곳이라고 설명된 안내판이 세워져 있었다. 안내판을 읽고 있던 나의 뇌리에 번개가 친다. "아! 그래 오직 다섯 용이 남은 거야. 우리나라에는, 세 용은 일본지역으로 갔던 거야!"

포상8국, 즉 여덟 용에서 세 용이 일본으로 가고 다섯 용이 한반도에 남아 중국과 일본을 잇는 바닷길을 장악하고 해상 무역의 주도권을 행사하고 있었다는 역사적 사실을 이 오룡묘가 증거하고 있었던 것이다. 즉 3룡은 해상 무역에서 역할을 못했다는 것을 반증하고 있는데 이는 고대 해상무역의 주도권 다툼에서 그들이 어떤 이유에서 인지 퇴출되었기 때문이리라. 그 이유가 무엇일까? 시가노시마에 있었던 것으로 내가 추정한 적룡, 흑룡 그리고 백룡이 바로 한반도에서 사라진 세용이 아닐까?

포상8국의 난과 여덟 용

삼국사기를 보면 나해 니사금 14년(AD 209년) 7월 포상8국이 가야를 침범하자 위기를 느낀 가야 세력은 신라에 도움을 청한다. 파병 요청을 받은 신라는 태자 우로 등이 지휘하는 대군을 파견하여 결국 6,000명을 포로로 잡을 정도의 대승으로 이들 8국 세력을 패퇴시킨다. 학자에 따라서는 이 포상8국의 난이 4세기에 있었다고 주장하는 설[10)]도 있어 그 시기는 분명치 않으나 그 발생 원인이 가야의 해상 세력화에 있었다는 주장에는 일치되는 면이 있다. 즉 종래 포상8국이 주도하던 해상무역을 가야세력이 장악해나가자 위기를 느낀 이들 포상8국이 가야를 상대로 전쟁을 일으켰다는 이야기다. 그것도 아주 대규모 침범이었던 것으로 미루어 이들 8국은 그 전쟁으로 사생결단을 하려고 했던 것으로 보인다. 해상무역의 주도권을 상실한 그들은 죽느냐 사느냐의 문제였을 것이니 전력을 기울여 가야를 침공했을 것이지만 그 전쟁 결과 그들은

10) 허남팔, 포상팔국의 난 발생 시기와 성격, 카토릭대 학위논문 2015 참조

해상의 역사에서 사실상 사라진다.

소위 말하는 진구왕후의 삼한 정벌이라고 일본 역사가 기록한 전쟁이 혹시 이 포상8국의 난이 아닐까? 이 진구왕후의 정벌 전쟁이라는 사건 역시 그 시기가 분명치 않은데 3세기 설과 4세기 설이 각각 존재한다. 삼국사기에는 기록이 없지만 이 포상8국의 난이 있은 후 6년이 지난 AD 215년에 포상8국의 전쟁에서 패퇴한 세력 중 일본에 있던 3국이 연합하여 신라의 울산지역을 재침한 기록이 있다. 당시 울산지역은 신라의 해상활동의 거점 지점이었다.

통도사의 아홉 용 전설, 일본 신화 속 팔두대사(八頭大蛇, 머리 여덟의 뱀)

통도사의 금강계단이 있는 곳에는 원래 아홉 용이 살고 있었던 연못이 있었는데 자장 율사가 이들 중에서 한 용만 남기고 여덟 용을 쫓아냈다는 전설이 전해지고 있다.11) 이 전설이 이야기하는 쫓겨났다는 8용이 바로 포상8국의 난 때 패퇴한 그 포상8국을 이야기하는 것은 아닐까? 그 쫓겨난 8용은 어디로 갔을까? 남아있었다는 한 용은 또 어떤 세력일까? 남아있는 세력은 분명 신라의 주류를 이루었을 것으로 짐작된다. 황룡사는 왜 황룡이라 이름하였을까? 이 대사찰을 황룡사라 하는 것으로 보아 결국 9용 중 황룡만 신라에 남겨지게 된 것으로 보인다.

묘한 것은 일본의 신화에 나오는 8두대사(八頭大蛇) 이야기다. 스사노라는 신라의 왕자로 추정되는 인물이 8개의 머리를 달고 있던 괴물 뱀을 죽이고 그때 사용하였던 칼을 여왕에게

11) 김영수, '해안선에 남겨진 이름들' 114쪽

헌상하였다는 것인데 포상8국의 난 때 이들을 퇴치한 신라의 왕자인 우노(于老)의 이야기가 일본의 신화가 된 것이 아닐까 할 정도로 이 두 이야기는 분명 무엇인가 관계가 있다. 아니면 우노에 의해 패퇴된 뱀, 또는 용으로 상징되는 이들 포상8국의 세력이 살아남기 위해 일본으로 옮겨가 세력을 형성하고 있었는데 이들 세력이 또다시 일본 내의 세력다툼에서 패퇴한 기록일 수도 있다.

이 스사노의 전설과 관련하여서는 다른 설도 있다. 스사노가 신라에서 바다를 건너 도착한 곳은 오늘날의 시마네현 이즈모시인데 이즈모를 관통하며 흐르던 강에는 사철(砂鐵) 성분이 많아 강물 색이 붉었고 이 강이 8개의 봉우리를 돌아돌아 흘러내렸다는 것이다. 스사노가 이 사철을 취하여 제철 작업을 하였고 또한 강물의 범람을 다스렸기에 8개의 머리를 갖고 있던 뱀을 죽였다는 전설이 생겼다는 설 역시도 있다. 강의 흐르는 모습이 마치 뱀 같았기 때문에 생긴 전설이라는 것이다.[12] 그러나 이 해석은 뱀을 제거한 칼을 여왕에게 바쳤다는 부분을 설명하지 못한다. 칼을 바쳤다는 것은 '권력을 포기하고 당신에게 복종하겠습니다.'하는 뜻으로 보이기 때문이다.

---

12) 千壽史人, 神 さまは 渡來人, 64-69쪽, フィクソリューション, 2016

여덟 용을 모시는 대마도 아레천 변의 뇌신사

포상8국의 난 때 괴멸된 여덟 용들은 그 후 어떻게 되었을까? 대마도의 미쓰시마(美津島)마치의 북쪽 연안, 아레(阿連)라는 지역에 있는 아레천 변에 뇌신사(雷神社)라고 하는 용신(龍神)을 모시는 신사가 있는데 그곳에서 모시는 신의 상징이 8개의 비자나무 가지라고 한다.

중세에는 이곳이 8룡 다이묘신(大明神)을 모시는 곳이었다는 것이다[13]. 번개를 의미하는 뇌(雷)는 용의 상징이요 해신의 상징이기도 하여 일본지역 해신사의 경우 이 번개를 상징물로 신사 앞에 또는 신사의 가장 중심인 제대에 배치하기도 한다. 비자나무 가지가 번개를 닮아 이 가지를 상징물로 한 것이다.

자장율사에 의해 신라에서 쫓겨났다는 여덟 용 전부가 이곳 대마도 아레천 변의 신사에서 제사 되고 있었던 것이다. 이 신사는 바로 포상8국 전체가 서로 연결된 하나의 세력이었다는 것을 증명하고 있고 그 사실이 신사라고 하는 형태로 남아 있는 현장임이 분명하다.

---

13) 永留久惠, 對馬國志, 360쪽, 交隣舍出版企劃, 2015

다섯 개의 도리이가 있는 대마도의 와다쓰미 신사와 세 용을 모시는 시가노시마의 해신사

일본 신사의 역사를 보면 그 시작이 대마도라고 한다. 천지초발(初發)의 신이라는 다카미무즈비(高御産巢日神)가 대마도에서 분사된 신이라는 것이다.14) 이는 '실존했던 신이다.'라고 하기보다는 만든 신이라고 믿어지고 있다.

▲ 와다쓰미 신사 표지석

대마도의 신사들 중 실재했던 존재를 신으로 모시는 신사이며 일본 해신사의 시작이라 할 수 있는 곳이 뱀을 모시는 와다쓰미 신사이다. 도요다마치의 이세만(灣)에 이어지는 깊은 숲 입구에 위

14) 永留久惠, 對馬國志, 163쪽

치한 이 신사에서 모시는 신의 상징은 하얀 뱀이라고 하는데 실제 인물로 추정되는 여신 토요타마히메(豊玉姬)의 몸이 흰 뱀, 바로 백룡이었다는 것이다.[15] 이 도요타히메가 나중에 8 용으로 되었다는 『일본서기』의 기록도 있다.[16]

이 여신의 묘소가 신사 경내에 지금까지 남아있다. 또 하나 특이한 것은 이 신사에는 도리이가 5개라고 하는 점과 이들이 모두 바다를 건너 한반도로부터 들어오는 신들을 영접하는 것처럼 서 있다는 것이다. 5개의 도리이가 혹시 포상8국의 난

▲ 바다를 향한 와다쓰미 신사 앞 도리이

15) 永留久惠, 對馬國志 27쪽
16) 永留久惠, 對馬國志 441쪽

이후 한반도에서 축출된 다섯 용을 상징하는 것은 아닐까? 시가노시마 해신사의 제신(祭神)은 용이라는 점은 같으나 이 와타쓰미 신사의 토요타히메가 아닌 해상, 해중, 해저 등 3신이라 하는데 이 점이 바로 포상8국 중 당초부터 일본지역에 자리 잡았던 3국과 한반도에 자리 잡았던 5국이 각기 다른 시점에 오늘날의 일본지역으로 이동해간 것을 보여주고 있는 것이나 아닐까? 오늘날의 후쿠오카에 자리 잡고 있었을 것으로 믿어지는 고대의 '추쿠지'라는 나라가 그 세력을 확장하는 과정을 보면 이끼와 대마도 순으로 확장하는데 이를 미루어 보면 이끼와 대마도에 할거했던 집단은 일본 본토 보다는 한반도와 관련이 더 깊은 집단들이었을 것으로 보인다.

일본의 고서 중 또 다른 하나인 고사기(古事記)에 보면 아마데라스오오미가미(天照大神)와 스기노오노미고도(須佐男命)간의 서약으로 다섯 주(柱)의 신이 탄생하고 그 중 하나인 아메노호히노미고도(天苔比命)의 아들 다케히다도리노미고도(建比良鳥命)가 최초의 대마도 현주(縣主)라는 것인데[17] 이 다섯 주의 신이 바로 포상8국의 난 이후 신라에게 패하여 우리 땅에서 사라진 다섯 용을 이야기하는 것으로 보이는 것이다.

---

17) 永留久惠, 對馬國志 158쪽

▲ 이즈하라의 하치만구 신사

아마데라스오오미가미가 등장하는 한 이야기가 특히 관심을 끈다. 이에 의하면 그가 손자에게 평정된 일본으로 가서 다스리라 말하니 손자는 그 명에 따라 다섯 부족의 신을 데리고 하늘에서 내려왔다는 것이다.[18] 다섯 부족의 신이란 바로 한반도에 있던 포상 5국이 아니었을까 생각한다. 평정된 일본이라는 이야기는 선인들이 먼저 가서 기반을 닦아 놓았다는 이야기 일터이니 이들 다섯 부족이 후발 주자로 일본에 들어왔음이 분명하다.

18) 김용운, 한일민족의 원형, 42쪽, 평민사 1987

하치만구(八幡宮) 신사와 여덟 용

대마도 이즈하라 마치에 있는 하치만구 신사는 원래 또 다른 와다쓰미 신사였다고 한다. 이곳에서 모시는 제신은 토요다마치에 있는 와다쓰미 신사의 제신과 같은 토요다마히메와 그 자손이며 이에 추가하여 진구왕후와 오진(應神)천왕을 같이 모시고 있다.[19] 내가 찾아간 2018년 11월 2일은 마침 7

▲ 이즈하라의 하치만구 산사

19) 澁谷申博, 一宮, 二宮, 三宮 287쪽, 山川出版社 2015

살 난 아이들의 장래를 축복해주는 기념일이어서인지 성장을 한 아이들을 대동한 가족 단위 참배객들이 많았다. 신사의 규모는 상당히 컸고 가파른 경사지에 세워진 신전 앞에는 오래된 거목 두 그루가 서 있어 경건함이 감돌고 있었다. 이 하치만구 신사가 일본 하치만구 신사의 태조라고 한다.

문제는 이 신사 이름이 왜 8을 의미하는 하치라고 하는 글자가 들어있나 하는 것이며 무슨 까닭에 해신사인 와다쓰미와 결합했는가 하는 것이다. 이처럼 이름이 바뀐 것은 10세기 때라고 하는데 일본 전역에 이 하치만구 신사는 무수히 많다. 이 하치만구 신사의 시작이 바로 대마도의 이즈하라에 있는 하치만구 신사다. 이 신사로부터 분사되어 후쿠오카지역에 있던 히젠국에 또 다른 하치만구 신사를 세우니 이것이 일본 본토에 세운 최초의 하치만구 신사이며 그 이후로 수많은 하치만구 신사가 전국에 세워진다. 1723년에 편찬된 대주편년략(大洲編年略)에 "진구왕후가 소위 3한 정벌에서 돌아왔을 때 이를 환영하기 위해 대마도의 사가 포구에 御八幡流를 세워 문무백관이 개선을 축하하였다."고 되어 있다. 그 후 닌도쿠천황(仁德天皇) 때에 외선 수만 척이 대마도의 미네 우라(三根浦)를 통해 침입해 들어왔는데, 이때 진구왕후 영전에 기도하였더니 돌연 대마도 중부에 위치한 미네마치의 기사카 산으로부터 커다란 구름이 일고 바람 또한 크게 일어 적선을 덮친 결과 이들이 물러갔다는 것이다. 이때 이후 사가포구에 있던 御八幡流를 이즈하라의 와다쓰미 신사로 옮기어 제사지냈는데 이 이즈하라 와다쓰미 신사가 그 이후로 하치만구 신사라 불리었다는 것이다.[20]

진구왕후의 개선환영식에 세웠다는 御八幡流의 '류(流)'라는 것이 결국, 각개의 포상8국을 나타내는 서로 다른 표상이었고 이들이 참전한 전쟁이 곧 삼국사기가 말하는 포상8국의 난이었던 것으로 보인다. 즉 포상8국은 진구왕후 세력의 기반이었던 것으로 추정된다. 번(幡)이라고 하는 것도 일종의 지방의 토후를 이야기 하는 것이니 8개의 지방 토후를 표상하는 것이고 이들이 바로 포상8국을 지칭하는 것으로 생각된다. 포상8국이 자신들의 해상의 주도권을 위협하는 가야를 치기 위해 진구왕후와 손잡고 전쟁을 일으킨 후 가야와 신라 연합군에게 철저히 패퇴된 후 이번에는 대마도와 이끼시마는 물론 이즈모까지의 일본의 서해안 해양세력 전부가 진구왕후 편에 서서 정권의 안정화에 기여했던 모양이다. 그 결과 일본 전국의 신사에서 조상신으로 제사되고 있는 모습이 오늘 날의 하치만구

20) 永留久惠, 對馬國志 400-401쪽

신사인 것이다. 진구왕후 역시도 해양세력으로 여겨지는데 고대 일본의 경우 해양세력의 뿌리가 깊고 일본의 역사에 있어 그 영향력 역시 절대적이었음을 보여주는 예라 하겠다.

일본 왕가의 동정(東征) 설은 결국 포상8국의 난에서 철저히 패퇴된 일본 내의 세력이 한반도 세력의 위협을 피하기 위해 오늘날의 후쿠오카지역으로부터 동쪽인 나라지역으로 숨어들어간 것을 미화한 것으로 생각된다. 일본 사람들이 주장하는 이토국의 동천 설이 바로 이 포상8국 전쟁의 결과에 연유된 현상으로 보이는 것이다.

하치만구의 신사에서 제사 지내는 신은 "하나의 씨족 조상을 모시는 것이 아니고 여러 혼합된 씨족의 조상 신앙이 혼입된 것이다."라고 기록되어 있다.[21]

일본 전국 단위에서 1궁으로 분류되어 있는 신사들 중 상위 등급에 올라 있는 신사의 총 수는 66사인데 그 가운데 하치만구 신사계가 6-8사 들어 있고 다음에 이야기하는 역시 용을 모시는 스미요시 신사가 3사 들어 있다.[22] 이들은 모두 진구왕후가 출진한 원정지역에 집중되어 있다.

---

21) 澁谷申博, 1宮2宮3宮, 264쪽
22) 澁谷申博, 1宮 2宮 3宮, 94-95쪽

각기 세 용씩을 모시는 스미요시(住吉) 신사와 무네소(宗像)신사, 그리고 아즈미족

일본에는 바다의 용을 제사하는 신사 계가 둘 더 있다. 시가노시마의 해신사처럼 바다 위, 바다 표면, 바다 속의 신들을 모시는 스미요시(住吉) 신사와 3명의 여신을 모시는 무네소족(宗像族)의 신사가 그 둘이다. 특히 '무네소'라고 이름 지워진 세력의 경우 후쿠오카 인근 바다에 있는 5도 열도와 시마네현의 이즈모까지의 해상이 그들의 통제 아래 있었다고 한다.[23] 이를 미루어보면 이들 무네소족이 대 한반도 전선의 최일선에서 해역을 수호하였음을 알 수 있다.

시가노시마를 고향으로 하는 세력에는 아즈미(阿曇) 씨족이 있는데 이들의 조상이 백제부흥운동의 마지막 결전지였던 백강 전투에 등장한다. 아즈미이소라 (安曇磯良)가 그인데 일본의 경우 한자 표기는 다를 수 있어 安曇比羅天로 표기하기도

23) 志賀島 歷史硏究會 발행 2012년 11월 자 회보, 志賀島たより12호

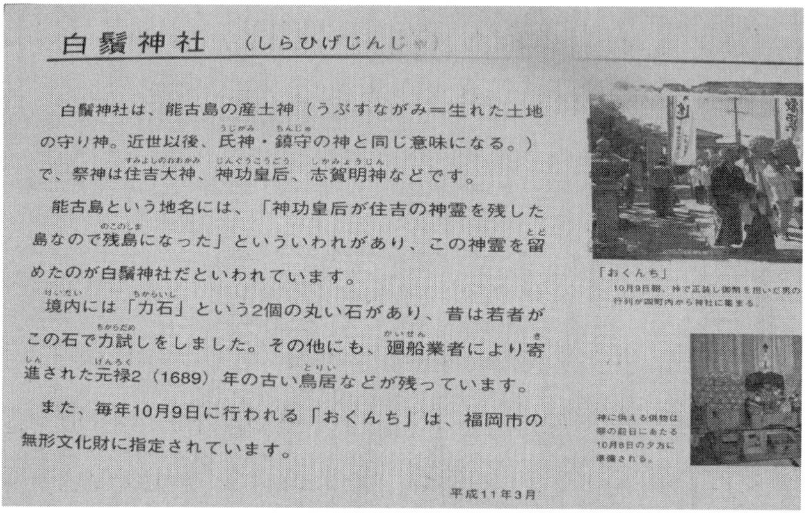
白鬚神社（しらひげじんじゃ）

白鬚神社は、能古島の産土神（うぶすながみ＝生れた土地の守り神。近世以後、氏神・鎮守の神と同じ意味になる。）で、祭神は住吉大神、神功皇后、志賀明神などです。

能古島という地名には、「神功皇后が住吉の神霊を残した島なので残島になった」といういわれがあり、この神霊を留めたのが白鬚神社だといわれています。

境内には「力石」という2個の丸い石があり、昔は若者がこの石で力試しをしました。その他にも、廻船業者により寄進された元禄2（1689）年の古い鳥居などが残っています。

また、毎年10月9日に行われる「おくんち」は、福岡市の無形文化財に指定されています。

「おくんち」

平成11年3月

▲ 노고노시마 박물관 내 진구왕후와 스미요시 등이 동일계임을 증명하는 안내판

한다. 이 아즈미족의 조상을 오진(應神) 천왕 3년에 해인(海人)의 우두머리로 임명한 기록이 『일본서기』에 남아있다. 해인들의 우두머리였던 아즈미이소라가 백제부흥군의 수군사령관으로 출전하여 170척의 선박을 이끌고 신라와 당의 연합해군과 운명의 일전을 겨룬 곳이 백강이라고 하는데 그 백강이 어느 강을 말 하는지 아직 밝혀내지 못하고 있다. 금강이라는 설이 통설처럼 되어 있으나 확인되고 있지 않다.

그런데 국내에서 찾아내지 못한 백강이라는 존재가 대마도에 두 군데나 있다는 사실이 몹시 흥미롭다. 하나는 대마도의

고대 수읍이었던 대마 하도(下島)의 계지(鷄知) 부근에 현지인들이 시라에로 발음하는 白江과 이에 이웃한 시라에 야마(白江山)가 있는데 고대에는 배가 드나드는 하구와 연결되어 있었다 라고하는 기록이 있으며[24] 또 하나의 백강은 대마 상도(上島)의 사누나(佐須奈) 인근에도 있다.[25] 더욱 흥미를 야기하는 것은 계지의 백강 인근에 스미요시라는 지명이 존재하고 부근에 스미요시 신사(住吉神社)가 세워졌다는 사실이다. 그런데 의외로 이곳에 모셔지고 있는 신은 스미요시가 아닌 와다쓰미 3신이라는 사실이다. 스미요시와 와다쓰미는 같은 배(胚)에서 나왔다고는 하지만 제사되는 신에서 스미요시가 사라지고 와다쓰미 만 남았다는 사실이 스미요시 신은 이곳 스미요시의 와다쓰미 즉, 스미요시지역에 터를 두었던 바다의 용을 특정하여 일컫는 말이었고 이들 용들이 고대의 특정시기에 무언가 특별한 역할을 하였을 것으로 보인다. 스미요시 신사는 일본 전국에 흩어져 있고 이 중 오사카 하카다 시모노세키 그리고 이키시마와 이곳 대마도 등 7개에 이르는 신사가 정식으로 관찬 延喜式 신명장에 명신대사의 반열에 올라 있는 것을 보면 분명 이들 스미요시의 바다의 용들이 역사 상, 특정 시

24) 永留久惠, 對馬國志, 349쪽
25) 李炳銑, 任那國과 對馬島, 165쪽

기에 후세에 기억에 남을 특별한 역할을 하였던 것으로 보인다. 그것이 무엇일까? 진구왕후 관련된 전설은 후대에 만들어진 것이고 사실은 백강 전투와 관련된 것이나 아닌지 의문이 생긴다. 백제 부흥군이 전투를 한 장소 역시 한반도가 아니고 대마도의 白江이었을 가능성이 있다. 백제를 구원하기 위해 대마도에 집합해 있던 일본지원군을 신라군이 바다를 건너 요격한 것은 아닌지 의문이 든다. 그러기에 국내에서 아무리 찾아도 백강이라는 존재가 찾아지지 않은 것 아닐까? 변한 12국 중 미리미동국 등 5개를 제외하고 국내에서 고증되고 있지 못한 7개국과 포상8국 중 3국도 모두 일본지역에 있었기 때문으로 보이고 백강 역시도 마찬가지로 보인다.

그렇게 보이게 하는 존재가 바로 이곳에 연원이 있는 스미요시 신사요 스미요시라는 지명이다. 백강 전투에서 대마도의 스미요시 출신 해인족들이 분투하였고 그 흔적이 스미요시 신사로 남아있게 된 것으로 생각된다. 고대 지중해지역에 광범위하게 흩어져 있던 그리스 권의 도시국가들이 있었듯이 고대에 대한해협을 사이에 두고 韓國의 후국들이 양지역에 흩어져 있었다고 생각된다.

그러나 또 다른 한편 알려지기는 기원전 3세기부터 제사 되었다는 일본 규슈의 스미요시(住吉) 3여신은 奴國을 지배하던 씨족 神이라는 설도 있다.[26] 이자나기의 딸인 아마데라스와 신라 왕자 스사노 간에 태어난 세 명의 여신들이라고 하고 이자나기는 대가야 전설에 나오는 국조 신인 이진아시(伊診阿豉)와 동일 인물로 보여지기에 결국 스미요시 3여신은 가야계 국조신들로 생각된다는 것이다.[27] 그런데 3여신이라는 설에 대립하여 이들이 와다스미 3여신에 상응하는 3명의 남신(男神)이라는 설도 있어[28] 그 진위는 알 수 없으나 이들이 바다를 무대로 살았던 해인족이라는 사실은 분명한 듯하다.

기원전 3세기라고 하면 우리가 알고 있는 가야 건국이 기원후 1-2세기이니 가야라는 나라가 존재할 수 없다. 대가야의 국조신 이진아시는 결국 가야건국 이전부터 존재했던 인물인 듯한데 스미요시 3신이 바다의 신인 용들이었다면 그 역시 용으로 표현되는 바다사람이었을 것이다. 실제로 중국의 『삼국지』 「변진전」에 나오는 변진12국 중 弁辰彌離彌凍國 등에

26) 季刊 邪馬台國 (奴國の 時代) 127號, 39쪽, 邪馬台國 編輯 委員會, 平成 27年
27) 진은숙, 하타씨 연구 55쪽, 단국대학교 학위논문 2016
28) 永留久惠, 對馬國志 348쪽

서 보이는 '미리'라는 말은 '미르'의 변화된 표현이고 '미르'는 용을 의미하는 고대어이니 '용의 나라'라는 말이 되어 기원전 3세기에도 바다사람들의 나라가 우리 역사 속에 존재하였음을 말해 주고 있다. 일본지역에 있어서 이들 바다 신들의 존재는 그들이 와다쓰미든지 스미요시든지에 관계없이 이들은 변진 12국 중 국내에서 고증되고 있지 못한 일부가 일본지역에 있었던 것으로 추정되게 하는 연결점이 되어 있는 점은 분명하다 할 것이다.

그렇다면 시가노시마 해신사에서 제사되고 있는 아즈미족은 누구일까? 가야계보다 이른 시기에 일본지역으로 옮겨온 이 바다에 친숙했던 일군의 사람들의 연원을 밝히는 것 역시 고대사의 한 줄기를 찾아내는 것이 될 것이다.

영주(瀛州) 해민들의 신전, 광양당 초감제의 사설

진의 시황이 불로초를 찾기 위해 서시(徐市)를 파견하였다는 제주도는 대한민국에서 유일하게 구석기시대에서 중석기시대를 거쳐 신석기시대로 옮겨가는 유물이 존재하는 곳이다. 이토록 오래 전부터 사람들이 살았고 고대인들에 의해 신선들의 거주지로 인식되었던 제주의 고대 이름은 영주다. 신선들이 살았다는 3개소를 고대인들은 오늘날의 제주도인 이곳 영주와 발해의 동쪽으로 알려진 봉래 그리고 방장이라는 곳을 지적하고 있는데(언제부터인지는 모르나 봉래는 금강산으로, 방장은 지리산으로 인식해오고 있다.) 제주도를 신선이 사는 곳으로 인식한 데는 제주도에 남아있는 대홍수 이야기와 관련이 있을 것이다. 즉 대홍수 이후에 살아남아 인류의 맥을 잇게 한 설문대할망 이야기가 전해 내려오는 제주도를 고대인들은 신선이 사는 곳으로 인식했던 듯하다.

이 제주도에 대별왕과 소별왕 전설이 있다. 소별왕이 대별왕을 축출하는 이야기인데 이때 축출된 대별왕은 어디로 갔을까? 고대에 제주도를 다스리던 이를 星主라 하였으니 이 성주가 곧 별왕이다. 그러니 결국 이 별왕 중 한 명이 세력 다툼으로 제주에서 다른 곳으로 축출된 것이다. 별왕은 해양계 사람들의 중요한 표식 중 하나이다.

또 다른 전설도 있다.

하늘에 떠 있던 각각 두 개씩의 해와 달 중 하나씩은 화살을 쏘아 떨어뜨려 용궁에 바치고 하늘에는 하나의 해와 달이 남게 되었다는 전설이 있는데 이때 하늘에서 떨어진 해와 달이 보내졌다는 용궁은 이들 축출된 세력이 결국 바다로 보내졌다는 의미일 것이다.

기원전 3세기 고구려 계통의 세력으로 알려진 고양부 3성(姓) 세력이 제주도로 들어온다. 이들 고구려 이주민들이 제주로 들어가 제주를 장악하기 전 시기에 제주에서 세력을 형성하고 있으면서 동지나 해까지 드나들며 중국 남부의 주산군도에 단주(亶州)라는 식민지를 건설하였던 해양에 익숙한 세력들이 있었는데,29) 이들은 언제부터 인지도 모르는 옛날부터 제주를 중심으로 바다를 무대로 살아오던 사람들이다. 이 사

29) 고용희, 바다에서 본 탐라의 역사 118쪽, 도서출판 각 2006

람들이 일월광 세력인데 이들 영주인들은 빗살무늬 토기를 제작하고 청동기 문화도 접하고 있었다. 당시의 묘제인 고인돌(지석묘) 무덤에서는 비파형 동검도 나오고[30] 일본지역에서 만들어지던 토기들도 출토되었으며 반대로 규슈지역 지석묘 고분에서는 우리의 것들이 나오고 있는 것으로 보아 그 활약 범위가 당연히 일본지역에도 미쳤을 것이다.

이들 고구려 계통의 세력인 대별왕 세력이 기존의 일월광(日月光) 세력을 동해바다로 몰아낸다. 그 과정이 기록된 노래가 초감제의 사설이며 이 초감제 사설이 연주되던 신사가 제주의 광양당이다. 이 광양당은 고대 제주인들이 모시던 해신들의 총 본산이니 시가노시마의 해신사가 해신의 총본사라는 사실과도 그 맥이 통하여 있다.

기원전 3세기에 제(齊)나라의 위(威)왕과 연(燕)나라의 선(宣)왕 등이 불로초를 찾아 사람들을 보내고 이 뒤를 이어 진의 시황이 역시 같은 이유로 서시와 선남선녀들을 보냈으니 제주는 당시 널리 알려진 신선의 세계로 오래 전부터 사람들이 터를 잡고 살고 있었던 곳이 분명하다. 진의 시황에 의해

30) 단군학회, 단군과 고조선 연구 25-27쪽, 지식산업사 2005

파견된 서시는 제주도 한라산 백록담 바위 위에 徐市過此의 흔적을 남기고 일본으로 건너가 마애현(三重縣) 구마노에서 죽어 그곳에 묘비를 남긴다. 일만 년 전 돌연 생긴 흑조(黑潮 구로시오) 덕분에 당시 물길은 제주에서 북 규슈까지 대마도를 거치지 않고도 갈 수 있는 상황이었고 지금도 그렇다. 그렇다면 시가노시마의 해신사에 모셔지고 고대 일본의 건국에 주요 세력이 되어 기원전부터 지금까지 해신의 총 본사에서 제사되어지고 있는 '바다의 용'은 결국 이들 제주에서 옮겨간 세력이 아닐까? 아즈미라는 말은 '아마즈미'의 준말로서 '아마'는 일본어(연원은 폴리네시아 언어라 함)로 바다를 의미하고 '즈미'는 와다쓰미 관련 설명을 할 때에 위에서 설명했지만 사이 'ㅅ'과 용을 가리키는 고대어 '배미'의 결합이다. 그렇게 보면 '아즈미'라는 말은 '바다의 용'이라는 뜻이 된다.[31] 아즈미족은 제주에서 고양부 세력에 밀려나 동해용왕의 품에 안긴 해양세력인 일월광 세력일 가능성이 높다.

시가노시마 해신사에서 제사 때 행해지는 춤이 있다. 이 춤은 용춤(龍舞)과 八乙女춤(舞)으로 구성되어 있는데 고양부 삼

---

31) 季刊 邪馬台國 (奴國の 時代) 128號, 47쪽, 季刊 邪馬台國 編輯 委員會, 平成 28年

성이 차지하였다는 구역 이름이 각기 高乙那, 良乙那, 夫乙那였었다는 점에 비추어 乙이라는 표기가 소유격토가 아니었나 생각된다. 즉 고씨의 구역, 양씨의 구역, 부씨의 구역이 되고 또 여덟 여인의 춤이 되는 것이 아닐까 생각한다. 那는 '땅' 또는 '나라'를 의미하기에 '任那'를 '주인의 땅' 또는 '어머니의 나라'라고 해석하는 사람이 있는 것으로 보아[32] 高乙那 등은 '高씨의 나라' '良씨, 夫씨의 나라' 로도 해석이 되는 것이다. 이렇게 보면 시가노시마에서 제사되고 있는 용신은 분명 고대 제주도 세력과 관련이 있는 것으로 보인다. 八乙女와 관련하여 후쿠오카 현의 도시 중 八女(야메)라는 도시가 있는 것을 보면 '乙'이 소유격 토였음이 분명하다 할 것이고 여덟이라는 숫자는 고대의 여덟 용들과 관련이 있는 것으로 보인다.

이들 일월광 세력이 바다 건너 오늘날의 강진이며 고대에는 '도무'로 불리던 전남해안 일대로도 그 세를 확장했던 것으로 보인다. 도무라는 것도 한라산의 고대 명칭인 두무악과 통하는 명칭이며 제주의 석곽묘가 영산강 유역에 나타나고 이 지역 묘제였던 옹관묘가 제주에 유행하는 등 현상이 나타난 사

32) 季刊 邪馬台國 (奴國の 時代) 128號, 36쪽, 季刊 邪馬台國 編輯 委員會, 平成 28年

례들이 이를 증명하고 있다. 영산강은 나주 함평 등지를 흘러 바다로 들어가는데 이 일대에서 옛 시대의 거대한 옹관묘 군이 발견되고 있다. 일본 사람들이 자기들의 발명이라고 주장하는 앞은 네모지고 뒤는 둥근 전방후원분들이 발견된 곳이기도 하다. 그 고분들에서는 각종 청동기와 철기 무기들, 철제 투구와 칼등이 발굴되어 지금 나주시 반남면의 국립나주박물관에 전시되고 있다. 옹관묘는 일본 후쿠오카 현의 이토시에서도 그리고 옛 노(奴)국의 중심지였을 것으로 알려진 후쿠오카 중심지 나가(那珂)에서도 또 사가현의 요시노가리 유적지에서도 대량으로 발견되는 고분들인데 제주도와 전라남도 나주 영암등 영산강 유역을 비롯한 우리 남해안 일대에서도 기원전 6세기부터 나타난 매장 형태다. 나가(那珂)는 불교에서 '용'을 일컫는 단어이니 이들이 용과 관련이 있던 세력임이 분명하다 할 것이다.

고대에 북규슈에 존재하였다는 노(奴)국을 일본인들이 '옹관문화권의 맹주'[33]라고 일컫는 것을 보면 고대 그리스 사람들이 지중해 연안을 무대로 활약하던 것처럼 북 규슈와 우리의

33) 季刊 邪馬台國 (奴國の 時代) 128號, 40쪽, 季刊 邪馬台國 編輯 委員會, 平成 28年

남해안 일대를 무대로 활동하던 옹관 문화를 갖고 있던 해양 세력이 있었던 것으로 보인다.

고양부 3성이 바다를 항해하여 배를 타고 볍씨를 갖고 온 벽랑국 공주 세 사람을 영접하고 결혼한 장소도 규슈에 가까운 제주 동남해안에 위치한 혼인지로서 벽랑국이 규슈의 노국(奴國)이었다고 주장하는 이도 있다.[34] 奴와 那의 한자음은 실제 같은 발음이었던 것으로 보여 '奴'도 '나'로 발음되고 그렇다면 역시 '땅 또는 나라' 라는 의미의 이두식 표기가 된다.

34) 고용희, 바다에서 본 탐라의 역사, 100쪽, 도서출판 각 2005.

대마도, 주산군도 그리고 이즈모의 용들과 석탈해 왕

삼국유사의 기록 중에 보면 석탈해가 경주로 진출하였을 때 그는 호공의 저택에서 숯가마의 흔적을 찾아 제시하며 자기 선조의 집을 호공이 무단 점유하고 있음을 주장하는 장면이 나온다. 그는 이 주장 덕으로 결국 호공의 집을 차지하며 중앙 정치권에 진입한다. 이때 등장하는 호공(弧公)이 대마도인이라는 것이다.[35] 그런데 이상한 것은 집을 빼앗겨 원수가 되었어야 할 호공이 그 후 탈해의 보호자요 적극적 지지자가 되었다는 사실이다. 결국 이들이 동향이거나 아니면 같은 계통의 사람이었다는 것을 말해주고 있는 기록으로 보이는 것이다.

석탈해는 다파나(多波那)국 출신이라고 하고 이 다파나가 오늘날의 시마네현의 이즈모라고 설명하는 학자들이 있는데 그렇다면 대마도와 시마네를 한 고리로 잇는 것은 무엇일까? 그들이 같은 계통이 아니고는 불가능한 일이다. 이들은 무엇

---

35) 한문희 손수호 공저, 대마도의 진실, 2015, 푸른길, 196쪽

으로 연결이 될까? 무네소족이 후쿠오카 앞바다에 있는 5도 열도와 시마네의 이즈모까지의 해상을 관할하였다는 기록은 이들이 같은 계통의 용들이었음을 시사해 주고 있다. 석탈해 세력을 중국 남부의 주산 군도를 중심으로 복건성에 자리 잡고 있던 탐라의 용들로 보는 설도 있는데 이 설의 존재는 결국 고대에 중국 남부와 대마도 그리고 일본의 이즈모까지 해상을 주요 무대로 하던 세력이 상호 관련이 있던 세력이었다는 의미를 내포하고 있다.

대마도와 규슈 일대는 삼한의 영역이었음을 지적한 환단고기의 기록도 있다. 그렇다면 주산도 이즈모도 삼한의 영역이 아니었을까? 13세기 말의 일본 백과사전 진대(塵袋)에 대마도는 신라국과 같은 곳이라는 기록도 있다 하고 AD 400에 광개토대왕이 대마도를 점령하고 치소(治所)를 두었다는 주장도 있다.[36]

대마도에는 여덟 용을 모시는 신사가 있다. 시가노시마에는 해신의 총본사가 있다. 세 용만을 모시는 시가노시마 해신사는 해신의 총 본사이고 막상 여덟 용을 모시는 신사가 있는

36) 한문희 소수호, 대마도의 진실, 2015 ㈜ 푸른길 194-6쪽

대마도에는 총본사라는 말이 없다. 세 용과 다섯 용의 도일 시기가 각기 달라 생긴 현상인 것으로 이해되지만 광개토대왕이 군사를 몰아 대마도까지 진출하였다면 당시에는 분명 대마도가 해양세력들의 중심이었거나 이들 세력의 교통 상 요지였거나 했을 것으로 보인다. 신사에 따라서는 광개토대왕 군사들의 강궁을 제향하는 곳이 있을 정도로 대마도에서 고구려군의 존재는 지금껏 외경스런 존재로 기억되고 있어 광개토대왕의 친정군이 대마도까지 정복하였다는 것은 역사적 사실인 듯 하다.

성산(聖山)으로 추앙받고 있는 도요타마치의 천신산(天神山)에는 우리의 솟대가 있고 대마도 신사 중 29개 신사의 도리이는 전부 한반도를 향해 서 있다는 것인데 조상신을 모시는 신사에서 그 조상이 바다 건너왔기에 그 출발지를 향해 도리이를 세운 것으로 이해되고 있다. 한국전망대가 있는 와니우라 해변에는 왕인 박사의 현창비도 있어 왕인 박사가 해양세력과 관계가 있음을 이야기해주고 있고 대마(對馬)라는 이름도 마한을 대하고 있다 하여 붙은 이름이라는 설도 있다.[37) 대마도는 분명 고대해양세력의 거점 중 하나였거나, 보다 더

37) 한문희·소수호 공저, 대마도의 진실 31-33쪽, ㈜푸른길, 2015

중요한 위치에 있었을 것으로 보인다. 삼국사기 눌지왕 2년 조에 보면 왜에 인질로 가 있던 왕제 미사흔이 돌아왔다는 기록이 있는데 그가 가 있던 왜국이라는 곳이 바로 대마도였고 그를 피신시키고 대신 처형당한 박제상이 절명한 현장이 바로 대마도 북도(가미아카다마치, 上縣町)이니 이를 보더라도 분명 대마도는 당시 이 지역세력들 간에 있어 힘의 지렛대 역할을 하던 곳으로 보이는데 신라와 적대 관계에 있었다 하기보다는 서로 연합 할 수 있는 때로는 적이 되고 때로는 친구가 되는 그런 관계였던 듯하다. 그것은 이들이 한때 같은 뿌리였음을 이야기해주고 있는 듯하다.

그3. 700이 넘는 용신사의 현장, 이끼시마(壹岐島)

일본의 역사가 시작되었다는 섬

고대인들이 한반도에서 일본으로 건너가는 길목에 징검다리처럼 거쳐 간 곳이 있는데 바로 이끼(壱岐)라는 섬과 쓰시마라고 불리는 대마도이다. 이끼시마는 대마도와 규슈의 중간 지점에 위치해있는 섬인데 일본 고대사의 현장이고 『일본서기』나 고사기에 나오는 많은 사건들이 이 섬에서 연유되고 있다. 이 섬에 사는 사람들은 '일본의 역사는 이끼로부터'라고 주장하고 있다.

후쿠오카 항구에서 고속선으로 약 1시간 거리에 있는 이 섬에는 수많은 고분과 고대의 환호 주거지가 발굴되었고 이를 기화로 왜인전의 기록이 역사의 전면에 사실로 나타난 것이라 하여 일본이 떠들썩했던 곳이다. 그곳에는 지금 거대한 일지(一支)국 박물관이 지어져 있다. 壱岐를 위지(魏誌) 왜인전에서는 一支라 표기했다고 보고 이 기록에 따라 一支국 박물관이라 칭한 것이다. 약 BC 1세기 때부터 AD 6세기까지의 기간 동안 형성된 것으로 보이는 고분 가운데 초기의 묘들은 주로 우리의 나주 지방에서 발굴되는 옹관묘와 같은 형태들이 대종을 이루고 있다. 고분에서 수집된 유물들도 대부분 청동유물들과 토기들로 나주의 세력이 옮겨간 것이 아닐까 생각이 들 정도인 곳이며 6세기의 거대한 석관묘와 대형 전방후원분들도 발굴되어 있다.

2017년 11월 초 나는 후쿠오카에서 출발하는 jet foil이라고 하는 고속선을 타고 이끼의 아시베항에 내렸다. 이곳에 있다는 해신사들을 돌아보며 고대 해양세력들의 발자취를 찾아보려는 것이다. 원래 나는 인터넷 상 이끼섬의 공식 홈페이지에서 이곳 아시베항구 가까이에 있는 한 아름다운 호텔을 보게 되었고 그래서 그 호텔에 예약하려고 전화를 했었는데 방이 없다고 하여 섬 반대편의 고노우라항 인근의 호텔로 예약할 수밖에 없었다. 그래도 이곳에 온 김에 그 아름다운 호텔을 잠시나마 보고 가려고 고노우라항 대신 아시베항을 기착지로 선택했던 것이다. 그런데 항구에 내려 아무리 둘러보아도 인터넷에서 본 그런 건물이 보이지 않는다. 이상하게 생각하며 하는 수 없이 고노우라 행 버스를 타고 한 시간 가까이 와 stella court라는 내가 예약한 호텔 앞에 내렸다. 그런데 놀랍게도 홈페이지에서 본 아시베항 인근의 호텔이 이곳에 있지 않은가! 아시베항에 있는 것으로 추정했던 호텔 이름은 view hotel 이었는데 사진은 바로 이곳 stella court hotel의 사진이 view hotel 편에 그리고 스텔라 호텔 사진이 뷰 호텔로 서로 바뀌어 소개되어 있었던 것이다. 나중에 안 일이었지만 아시베항 인근에는 아무런 호텔이 없었다. 뷰 호텔도 이곳 고노우라항에 위치해 있었던 것이다. 공식 홈페이지가 잘못 되어 있었던 것이다.

나를 이곳으로 부른 또 한 가지는 이 섬에 8개의 항구가 있다는 점이었다. 우연인지 아니면 역사의 사실과 부합되는 것인지 나의 궁금증을 고조시키는 이 고대 포상8국을 연상케 하는 8개의 항구의 존재는 그냥 지나칠 수 없는 반드시 넘어야 할 장애물 같은 것이었다.

다케노쓰지 용신사에서 만난 연오랑 세오녀 전설

호텔에 짐을 내려놓자마자 나는 이끼시마에서 제일 높다는 해발 212.8m의 다케노쓰지에 오르기 위해 호텔을 나섰다. 호텔에서 과히 멀지 않아 걸어가기로 하였다. 길은 호젓한 시골길이었다. 조용하고 깨끗했다. 도중에 온천장이 있어 잠시 보고 가려고 들렀다. 온천장은 의외로 작고 별로 내키지 않게 무엇인가 들어가고 싶지 않은 곳이었기에 다시 돌아 나오는데 찻집이 눈에 띈다. 차나 한 잔 하고 갈까 하고 들어갔다. 마침 마을 전시회가 열리는지 벽마다 그림과 공예품들이 두루 둘러져 걸려있었다. 전시회 관계자들인지 아주머니들이 모여 앉아 왁자지껄 이야기들을 하고 있다. 전시품들이 한결같이 정갈하다. 마을 주민들의 예술적 안목이 엿보이고 그 정성들이 담겨있다. 주문서에 보니 식혜가 있기에 주문하였더니 내 주문 소리를 들었는지 아주머니들이 이구동성으로 그것은 한국의 식혜가 아니라고 주의를 환기한다. 그래도 한 번 경험 해보기로 하고 주문 후 기다렸더니 역시 아주머니들이 걱정 한대로 맛

이 이상하다. 웃음을 터뜨렸더니 아주머니들도 따라 웃는 모습이 친근하다. 어데 가느냐 하기에 다케노쓰지에 간다 하니 멀어서 걸어 갈 수 없다고 놀란다. 그래도 지도를 꺼내놓고 '가는 길을 확인해 달라.' 하니 지도가 생소한 모양이다. 말로 그냥 설명하는데 별로 복잡하지 않아 고맙다고 하고 찻집을 나와 알려준 길을 따라 걷기 시작했다. 곧 길은 오르막이 되었고 점점 좁아지더니 숲이 나온다. 표지판은 없었으나 분명 오르막이니 산으로 오르는 길이라고 생각되어 무작정 숲길로 들어섰다. 아무도 없다. 울창한 나무로 인해 어둡기조차 한 가느다란 숲길에는 새소리가 가득하다. 가끔 거미줄들이 늘어져 있는 걸로 미루어 사람들이 별로 통행 하지 않나 보다. 다른 길은 없고 그래도 길은 끊임없이 위로 오르는 길이어서 계속 걸었다. 한참을 가니 사람 소리가 들린다. 사람 소리가 그토록 반가운 것인지 처음 알았다. 소리가 나는 곳으로 가니 전망대가 보이고 그 밑 한켠에 여인 둘이 서 있고 주변에 작고 초라한 신사가 보인다. 신사 앞에는 '용 신전'이라고 쓰여 있었다. "아! 이곳에도 용 신전이 있구나!"하며 놀라고 있는 나에게 아주머니와 그녀의 딸이라고 생각되는 두 사람이 참배를 권한다. 그 용 신전 앞에는 "용이 해와 달 그리고 하늘과 땅을 태

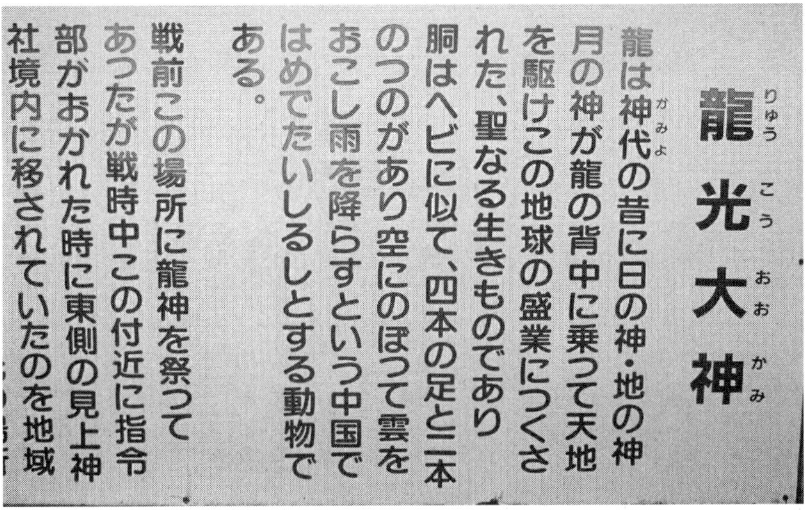

▲ 다께노쓰지 정상, 용신사 안내판

우고 왔다."는 글귀가 쓰여 있다. 나는 그 순간 너무나 놀란다. 『삼국유사』에 나오는 '연오랑 세오녀'의 전설이 연상되는 그 '해와 달'이 이곳에 언급되어 있고 그리고 역사의 시작을 의미하는 '하늘과 땅'이, 그 역사의 시작이 용과 관련이 있다는 이야기가 너무나 확연하게 이곳에 쓰여 있는 것이 아닌가 말이다. 삼국유사에 의하면 연오랑 세오녀가 일본으로 가버리자 신라에는 해와 달이 사라져버렸다는 기록이 나온다. 그 해와 달이 사라진 이유가 용이 해와 달을 태우고 일본으로 왔기 때문이라는 사실이 신화가 되어 이곳에 표현되어 있는 것이 아닌가! 그 사건은 일본역사의 시작이니 하늘이 열리고 땅이 열리는 순간이 용과 관련이 있었다는 것과 연오랑 세오녀가 그 역사의 전면에 서 있다는 사실이 이곳에 기록되어 있는 것이다. 나는 몸이 떨려 왔다. 연오랑 세오녀는 용과 관련이 있는 세력의 머리에 있던 존재들이었고 신라의 초기 집권세력이 용과 관련이 있는 세력이었는데 모종의 정변으로 이들이 일본으로 건너 가버린 역사적 사실을 그리고 기록에서는 무슨 일이 있었는지 지워져 버린 그 역사를 의연하게 말해주고 있는 현장에 내가 지금 서있는 것이다. 진땀이 흐른다. 이 전설은 두 개씩 있던 해와 달을 활을 쏘아 하나는 떨어뜨려 동해 용왕에게로 보냈다는 제주도의 일월광 전설과도 관련이 있어 보인다. 생각에 잠겨 있는 나에게 여인들이 말을 걸어온다. 한국에서 왔다고 하니 더욱 놀라고 신기해한다. 내가 무슨 까닭에 용 신사가 이곳에 있는가 물으니 이끼시마에 700여 군데 용 신사가 있는데 이곳이 그 하나일 뿐이라고 한다. 그들에게는 여럿 중 하나일 뿐이겠지만 나에게는 용 신사로 가득한 섬 이끼, 그중에서도 사라진 역사가 기록되어 있는 이 신사가 먹구름 속 번개처럼 새 세상을 업고 등장하고 있었다.

용을 타고 온 달의 여신

바다사람들 - 해양계 사람들은 원래 해와 달에 깊은 관심을 갖고 있었다고 한다. 해도 달도 바다로부터 떠오르고 지고 하기 때문이었다고 하는데[38] 이상한 것은 대마도에는 태양신을, 이끼시마에는 달의 여신을 모시는 신전이 있다는 사실이다. 참고로 이야기하면 지금도 네팔에서는 해의 나라와 달의 나라

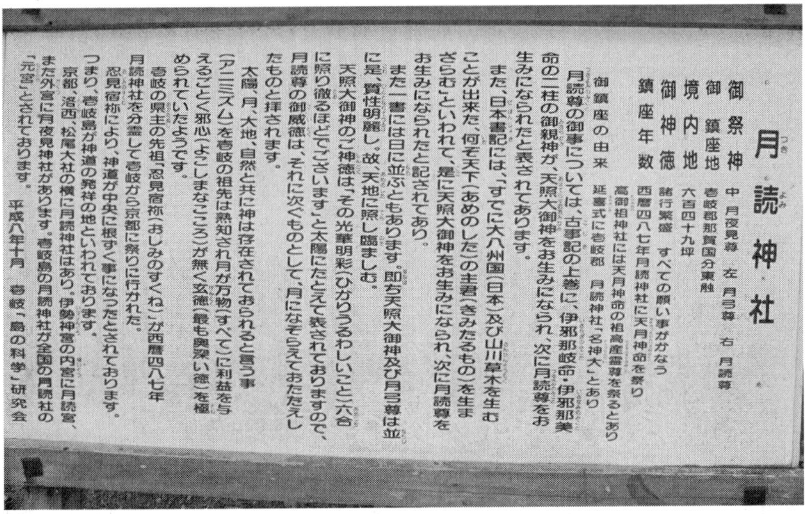

▲ 쓰기요미 신사 안내판

38) 永留久恵, 對馬國志 8쪽

가 교대로 통치한다고 하며 그 상징으로 국기(깃발)도 위 삼각과 아래 삼각을 연결한 형태라 한다.

대형 고분들이 밀집되어 있는 이끼시마의 중앙 부분, 172번 도로 상에 바로 달을 모시는 신전인 쓰기요미(月讀) 신전이 있다. 다케노쓰지 정상 용신사에서의 설명에 의하면 용이 해와 달을 태우고 왔다고 했다. 그런데 해는 대마도로 가고 달은 이곳 이끼시마에 남았다는 말인가? 먼저 자유를 찾아 외국으로 가 버린 부인을 찾으려 역시 신라를 탈출한 신라 왕자 천일창(아메노히보코)의 이야기가 떠오른다. 그가 찾아가 만난

▲ 쓰기요미 신사 입구

부인이 다시 그를 떠나 버리는데 이 옛 이야기를 떠올리게 하는 해와 달의 신전 배치다. 일본 신화 계통의 최상위에 있으며 가야계통으로 알려진 天照大神도 비슷한 신화를 갖고 있는 여신이다. 중요한 것은 이 신전이 일본 신도(神道)의 발상지로 알려져 있다는 것이다. 그만큼 고대의 중요한 비밀을 안고 있는 조상신을 모시는 신사이기도 하다.

이 신전에도 시가노시마(志賀島)에서처럼 진구왕후가 신라 정벌 시 출산의 산기를 누르기 위해 돌을 배 위에 올려놓았다는 鎭懷石이 보존되어 있다.

이 달(月)의 여신 신전과 관련하여 전해오는 『일본서기』의

▲ 이끼시마 고분 중 하나의 내부

기록이 있다. AD 487년에 任那로 갈 것을 명을 받은 한 신료, 아베노오미고도시로(阿閉臣事代)가 이끼시마의 고분지역을 통과할 때 신들림 현상을 경험한 한 사람을 만나게 되는데 그 사람이 말하기를 달의 여신이 나타나 "나의 선조, 高皇産靈(다카미무스비)가 천지를 창조하는 수고를 하였는데 왜 너의 땅, 교토에서는 나를 제향하지 않는가? 교토에서도 나를 제향하는 것이 좋은 일이 될 것이다."라고 했다는 것이다. 그 신료가 이 말을 조정에 보고하여 그 결과 이곳 쓰기요미(月讀)신사의 영(靈)을 나누어 교토로 분사하게 되었는데 그것이 교토 쓰기요미(月讀) 신사이고 이것이 일본 고신도(古神道)의 뿌리라는 것이다.

삼한 정벌의 현장은 이끼시마?

6세기부터 이끼시마에는 횡혈식 대형 고분들이 등장한다. 이 대형 고분들을 포함하여 섬 내에 고분이 256기나 발견되었는데 이는 이끼가 속한 나가사키 현의 총 고분 숫자의 60%에 해당되는 숫자이다. 규슈 지방에 대형 고분들이 4세기경부터 등장하는 것에 비해 이 이끼시마의 대형 고분은 더 늦은 6세기부터인 것으로 보면 그전까지는 규슈 정권의 영향력이 이끼 섬에 미치는 정도가 미미했거나 이끼에는 규슈 정권들과는 관계없는 세력들이 자리 잡고 있었던 것으로 보인다.

기원전부터 집락들이 형성되어 있던 것으로 보여지는 해자 즉 환호(環濠)로 두른 대형 집락지도 발굴되어 있다. 이 유적 부근의 옹관묘에서 우리의 남해안에서 많이 발견되는 것과 같은 무문토기를 비롯한 동검 동모 등 한반도 제품들이 다수 출토되어 현재 이끼국 박물관에 전시되어 있다. 이들은 소위 말하는 야요이 문명의 유적들인데 일본의 야요이 문명은 기원전 400년경 한반도에서 건너간 수백만에 이르는 대규모 이주세력이 규슈를 중심으로 이루어진 것으로 인식되고 있다.[39] 이들은 분명 해양생활에 익숙한 무리들이었다.

이끼에는 이 야요이 시대의 유적이 약 60개소 정도 있다. 큰 곳으로는 하루노스지(原の辻), 가라카미, 구루마데(車手) 등으로 하나같이 만(灣)을 끼고 있어 이들이 바다사람들이었음을 알게 한다. 묘한 것은 이들이 3개의 다른 항구를 각각 점유하고 있던 세력이었다는 것인데 이곳에 무네소(宗像) 3신을 모시는 신전, 天手長男(아마노다나가오) 신사가 있는 것도 이들 바다사람 들과 관련이 있는 것으로 보인다. 진구왕후의 삼한 정벌 전쟁 시 天手長男(아마노다나가오)이 御手長이라는 깃발을 흔들어 사령관의 위치에 혼동을 주어 신라군이 잘못된 판단을 하게하였다고 한다. 天이라고 썼지만 '아마'로 읽고 있는데 '아마'는 남방계 일본어로 '바다' '어부' 또는 '해인'이라는 뜻이어서 결국 '해인들의 큰 아들'이 깃발을 들고 흔들었다는 이야기가 된다. 사령관 깃발로 사령관의 위치에 혼동을 야기하는 행위는 보통 패전하여 도망가는 사령관을 구하기 위한 책략으로 쓰는 수법인데 이것이 묘하게도 승전과 결합이 되어

39) J. Diamond, 김진준 번역, 총 균 쇠 644쪽, 문학사상사 1998

있다.

이곳 이외에도 진구왕후의 3한 정벌설과 관련된 유적들이 더 있는데 이끼시마의 남부에 위치한 인도지항(印通寺 港) 인근의 岐神社와 白沙八幡神社가 그렇다. 특히 후자의 경우 진구왕후가 삼한(三韓) 출병 때 그 위에서 취사를 하였다는 바위(韓櫃石, 가라비츠이시)가 지금도 경내에 있다.[40]

진구왕후의 취사 현장이 바위인 것을 보면 이곳이 전장의 최 일선이었다는 느낌을 지울 수 없다. 한 군대의 최고 사령관이 식사를 하던 장소가 일개 바위였다는 것은 이곳이 바로 야전의 현장이었고 이들이 쫓기고 있는 급한 형국이었음을 이야기해 주고 있다. 위의 天手長男이야기도 왠지 패주하는 군대의 모습이어서 진구왕후의 세력이 신라군으로 추정되는 세력에 의해 이곳까지 쫓겨 온 다급한 상황이 아니었나 의심된다.

이끼의 북쪽에 가츠모도(勝本)라는 곳이 있다. 한자로 勝本(승본)으로 이름 지워진 이유는 진구왕후의 승전의 기쁨을 표현하기 위한 것이었다 한다. 그런데 '승본'이라는 글자가 승리

40) 季刊 邪馬台國 (奴國の 時代) 128號, 184쪽, 季刊 邪馬台國 編輯 委員會, 平成 28年

를 이룬 본향이라는 의미를 품고 있어 그들이 전투에서 이겼다는 곳이 한반도가 아닌 이곳 이끼시마가 아닌가 하는 의문이 든다. 당시 진구왕후의 군대가 신라군에 쫓겨 대마도에서 이끼시마까지 피해 왔는데 이를 추격해 온 신라군이 최종적으로 물러간 곳이 가츠모토(勝本)가 아닌지 옛날로 돌아가 파헤쳐보고 싶은 생각이 든다. 아니면 소위 '삼한 정벌'의 현장이 바로 이곳 이끼시마이고 이 섬은 당시만 해도 삼한의 세력권하에 있었고, 바로 그 점 때문에 진구왕후의 정벌이라는 사태가 생긴 것 아닌가 하는 점이다. 학자에 따라서는 전투 현장이 대마도였다고 주장하는 분도 있다.[41] 그 외에도 그의 주장에 따르면 대마도의 북동쪽에 위치했던 伊那가 학계에서 말하는 임나라는 것이며 대마도는 3한의 지배하에 있었다고 한다. 나는 이곳 이끼시마도 삼한의 지배하에 있었다고 말하겠다.

白沙(하쿠사) 八幡神社의 八幡도 근래는 '하치만'으로 읽고 있으나 원래는 '하타'로 읽었다 하는데 하타는 우리 말 '바다'의 전와된 음이라 하니 결국 바다의 신, 결국 용을 조상으로 모시는 신사가 된다. 이를 미루어 보아도 이끼시마는 고대로

41) 임나국과 대마도의 저자, 이병선

부터 한반도에서 연유된 바다사람들이 자리 잡고 있던 곳이 분명하다.

무네소(宗像) 3신도 이곳 이끼가 본향이었기에 이를 모시는 아마노다나가오(天手長男) 신사가 이곳에서 제1등급인 1궁 신사가 되어 있는 것은 아닐까? 이곳에 8개의항구가 있는 점도 전투에서 패한 후 한반도에서 쫓겨 온 여덟 포상 세력이 이곳에 자리 잡았던 곳이 아니었을까 하는 의문을 불러일으킨다. 의문은 해답의 시작이다. 나는 天手長男 신사의 주 신전 앞에서 이 의문의 해결을 위한 실마리가 눈앞에서 번쩍 스쳐가는 느낌을 받으며 "그래 무언가가 있다 무언가 철저히 숨겨지고 왜곡된 것이 있어"라고 나는 외치고 있었다. 진구왕후의 삼한 정벌의 현장이 분명 이곳 이끼시마로 보이는 것이었다.

2부
세계 속의 뱀과 용을 찾아

그1. 신화 속의 뱀과 조우하다

태몽 속에서

내가 신화 속의 뱀에 대해 연구를 해보고 싶다는 생각을 하게 된 것은 당초에는 기독교 성경에 나오는 창세기 속의 뱀 이야기 때문이었다. 왜 뱀일까? 무슨 까닭이 있기에 뱀이 지혜의 이름과 결부되어 등장하는가? 성경의 이야기는 막상 뱀에 대해서는 그가 낙원에 남겨졌는지 여부는 말하고 있지 않았기에 중대한 죄를 유발한 뱀에 대한 하느님의 처분 결과, 에덴으로부터의 축출 여부에 대해서도 궁금하였었다.

이 신화는 나에게 뱀에 대한 의아심을 불러일으켰지만 실제 연구 행동에 이르게는 하지 못하고 있었는데 뱀이 정면으로 나에게 등장한 것은 내가 두 아들들의 태몽을 꾸고 나서부터다. 나는 아들이 둘이다. 그런데 기이한 것은 이 두 아들들의 태몽이 모두 뱀과 관련이 있다는 사실이다. 두 번 다 뱀이 내 품속으로 들어오는 꿈을 꾸고서 두 아들을 얻은 것이었으니 그때 이후로 나에게 있어 우리 인류 문명 속에 드리워진 뱀의 실체를 밝히는 일은 곧 나의 원형을 밝히는 일이 되어 있었다.

내 꿈속에 나타난 그 놀랍도록 영롱했던 뱀의 두 눈, 내 품속으로 뛰어들던 그 뱀의 두 눈이 수십 년이 지나도록 내 뇌리에서 사라지지 않고 시시때때로 나를 찾아와 "너는 뱀의 후손이다 뱀의 후손! 그러니 그 연원을 밝혀라."하고 독촉하는 듯했다. 하도 자주 기억이 살아나니 나 역시 그냥 방관할 수 없는 지경이 되었다. 그래서 결국 인류의 역사에서 사람과 뱀과의 관련기록을 찾아보자고 마음을 정하게 되었다.

뱀을 조상으로 모시는 타이완의 원시부족을 만나다

역사 속의 뱀을 연구하려면 무엇부터 시작하여야 할지 막연하기만 하던 2,000년대 초 어느 날 나는 타이완의 남부 도시인 카오슝 인근의 원주민 부락에서 뱀을 조상으로 하고 있는 한 부족을 만나게 된다. 원시부족마을을 찾아 내륙의 깊은 산중으로 들어가던 나는 길가 바위에 그려진 수 많은 뱀들을 발견하고 무슨 연유인지를 묻게 되는데 이 부족은 조상이 뱀이라고 믿고 있다는 얘기를 듣게 된다. 순간 나는 광명의 빛을 발견하고 혼잣말로 "오! 하느님!"하였다. 의문의 실마리를 풀 단초를 발견하였기 때문이었다. 나는 부락민들에게 그들의 신화를 캐물었다. 그들의 신화는 의외로 우리의 삼신할미 같은 한 노파가 등장하여 그녀의 앞치마에서 뱀들이 쏟아져 나왔다는 등 언뜻 이해할 수 없는 내용이었으나 부락민들의 설명 내용과 관계없이 뱀을 조상으로 받드는 민족을 만나게 된 것은 분명 뱀에 대해 고민해온 나에게는 하나의 서광이었다.

"그래! 뱀을 시조로 모시는 민족들을 더 조사해보자!

그날 이후로 나는 기회 있을 때마다 뱀 이야기를 접하면 기록해놓곤 하였다. 티베트의 나시족이 얼굴은 사람이고 몸은 뱀인 시조 상을 갖고 있고 중국의 신화 속 시조인 여와도 같은 형태이고 석가모니 부처가 뱀족속인 나가족의 왕자로 태어났다는 이야기도 알게 되었다. 남아메리카 마야의 유적인 치첸이차의 피라미드에는 날개 달린 뱀 형상이 조각되어 있던 것을 보았고 멕시코시티 외곽 지대에 톨텍족들이 세운 거대한 테오티우칸 유적에서도 역시 날개 달린 뱀의 형상이 조각되어 있는 장면을 목격하게 된다. 이들 뱀 형상은 조상신을 상징하는 것으로 믿어지고 있었다.

그러고 보니 내 꿈속의 뱀도 날개가 달려있었던 것 같다. 그러기에 내 품속으로 뛰어 들어올 수 있었을 것이다.

태몽 속의 뱀을 그리스 신화에서 만나다

뱀과 인류의 관계를 연구하기 위해서는 결국 신화를 공부하는 수 밖에 없었다. 우연하게 아버지가 남겨놓으신 서책들을 정리하다 Edith Hamilton의 『Mythology』를 발견했다. 나는 이 책 속에서 뱀과 용에 주목하며 읽어 나갔다. 처음에는 도무지 종잡을 수 없이 여기저기서 뱀의 이야기, 용의 이야기들이 튀어나와 혼란스러웠는데 한곳 테베(Thebe)라는 도시국가를 일으킨 카드무스(Cadmus)의 이야기에서 그만 놀라고 만다. 카드무스가 신성한 샘물을 지키고 있던 용을 퇴치하는 장면이 나오는데 내가 놀란 것은 바로 카드무스가 퇴치하였다는 용에게 동료가 있었다는 사실 때문이었다. 결국 이들 용이 집단을 이루고 있었다는 것을 이 신화는 기록하고 있었던 것이다. 거기에 더하여 아테네 여신의 가르침을 따라 카드무스가 죽은 용의 치아로 밭을 갈 듯이 땅을 팠더니 땅 속에서 무장한 집단이 솟아 나왔다는 서술도 있는 것이 아닌가! 이 서술은 바로 용이라는 존재가 어떤 무장 집단을 상징한다는 것을 보여 주고 있었던 것이다. 놀란 카드무스는 튀어나온 무장 세력 역시도 살육하는데 그 들 중 5명을 살려주게 되었고 이들이 카드무스의 참모가 되어 테베라는 도시국가를 같이 건설하게 되었으니 그는 결국 용으로 상징되는 집단의 도움으로 나라를 건설한 것이 되는 것이었다.[42)]

그런데 같은 사실을 두고 신화연구가 이윤기 씨는 그의 『길 위에서 듣는 그리스 로마 신화』에서 카드무스가 퇴치한 존재가 뱀이라고 서술하고 있었다. 그가 묘사한 뱀의 모습을 읽다가 나는 그만 어디서 많이 본 뱀이라는 생각을 하게 되고 '어디서 보았을까, 어디서 보았을까?' 궁구하다가 결국 그 뱀의 모습이 두 아들의 태몽 속에서 내 품으로 날아 들어온 뱀의 모습 바로 그것이었다는 것을 깨닫게 된다. 수십 년 찾아 방황하던 문제의 연결 고리가 그 모습을 드러내는 순간이었다.

놀랍도록 똘망똘망하여 마치 불빛처럼 영롱하게 빛나던 두 눈 그리고 황금빛으로 빛나던 머리, 50년 가까이 때때로 나의 사념 속에 찾아와 나와 뱀과의 연원을 밝혀줄 것을 촉구하던 내 꿈속의 뱀의 모습이 이윤기 씨의 신화이야기에 그대로 묘

42) Edith Hamilton, Mythology, 254쪽, New American Library, New York, 1942

사되어 있었던 것이다.[43)]

내 꿈속의 뱀은 결국 그리스 신화 속에 나오는 용이었던 것이다.

43) 이윤기, 길에서 듣는 그리스 로마신화, 186쪽, 작가정신, 2002

신성한 샘, 그리고 용과 뱀

카드무스가 퇴치하였다는 용은 신성한 샘물을 지키던 용이었다는 것인데 이 신성한 샘물이란 무엇을 얘기하는 것일까? 지금도 그리스는 많이 건조한 지역이다. 물이라는 자원이 고대나 현대나 사람이 살아가기 위해서는 중요한 요소였을 것이다. 그러니 고대에 있어서도 자연스레 인간 집단은 물을 중심으로 촌락을 형성하게 되었을 것이다. 결국 신성한 샘이란 용으로 상징되는 집단이 부락을 형성하고 살고 있던 일종의 오아시스 같은 존재, 즉 용천이었다. 이 기록은 카드무스라는 외래의 세력이 샘물을 중심으로 형성 되어있던 기존 부락을 공격하여 점령하고 이들을 복속시킨 사실을 언급한 것일 것이다. 그리고 그 기존 부락은 용으로 상징되는 세력들이 집단으로 거주하고 있던 지역이었을 것이다.

크레테(Crete)섬과 뱀

기원전 1,600년경에 만들어진 뱀의 형상을 한 조각품이 지중해의 크레테 섬에서 발견되었다. 이들은 제례용으로 당시에 이미 뱀이 신격화 되어 있었던 것을 증명하는 물건이었다. 크레테 섬에는 기원전 6,000년부터 사람들이 들어와 살기 시작한 것으로 믿어지는데 이들은 원래 아나톨리아 남서 쪽 지방으로부터 가축과 각종 농산물을 싣고 대 가족단위로 배로 이주하여 들어와 신석기시대를 연 것으로 연구되어 있다. 마치 노아의 방주를 연상케 하는 이 이주가 일어난 시기는 빙하 시대가 끝나가던 시기로 해수면이 높아져 원래 담수호였던 흑해와 미마라해가 바다였던 에게해와 연결되고 그 이전에는 존재하지도 않던 보스포루스 해협이 생겨나던 시점이다.[44]

비슷한 시기에 마케도니아지역에도 농사의 지식이 있는 인류들이 들어와 살게 된다. 이들은 에게해라고 하는 큰 바다를 건너온 사람들이다. 당시로서는 생명을 건 도전으로 보이는

---

44) 상세는 김영수의 '내가 본 네모진 하늘' 52-53쪽을 참조, 한들출판사 2006

이 도해사건을 감행한 이들은 이미 수상을 항행하는 것에 익숙해있던 사람들로 보인다.

메소포타미아와 뱀

기원전 5,000-3,000년 간에 이란의 고원지대에서 메소포타미아 남부지역으로 들어온 일군의 사람들은 메소포타미아 북부 사람들과는 다른 사람들이었다고 하는데 이들은 바다를 무대로 무역에 능하였을 뿐 아니라 물의 신을 모시는 신전을 갖고 있었다 한다. 이들은 하늘과 땅이 물에 섞여 신들이 탄생한 것으로 믿고 있었고 그 원초적 상징은 뱀이었으며 이 뱀에게서 존엄한 여러 신들이 탄생한 것으로 믿고 있었다.[45] 물의 상징은 뱀이었던 것이다. 이는 아마도 강의 모습에서 연유된 것이 아닌가 한다.

그런데 이상한 것은 이란의 고원지대에서 온 사람들이 수상활동에 익숙해져 있는 사람들이었다는 사실이다. 산악지대인 고원지대에서 온 사람들이 어떻게 물에 익숙한 사람들이었을까? 이들이 혹시 물이 있던 또 다른 지역에서 이란 고원지대를 지나 온 사람들이 아닐까? 나는 이들이 인도 북부 오늘날

45) 발터 부르거르트, 남경태 역, 그리스 문명의 오리엔트 전통, 49쪽, 사계절 2,008

의 파키스탄지역인 메르가르(모헨조다로문명)의 후손들이라 믿는다. 그곳은 마치 성경 상 에덴의 지리적 묘사와 유사한 강들이 흐르는 조건을 갖춘 지역이었다.46)

아니면 이들 역시 아나톨리아지역에서 크레테로 배로 옮겨간 이들과 같은 부류일 가능성이 있다. 그들은 배로 이들은 육로로 남하한 것은 아닐까?

비슷한 시기에 세워진 영국과 아일랜드지역의 거석 무덤들에서는 조각된 뱀의 형상이 발견되고 있다.47)

---

46) 상세는 김영수, 내가 본 네모진 하늘 76쪽, 한들출판사2006
47) Jacquetta Hawkes, The Atlas of Early Man 71쪽, St. Martin Press, NY. 1981

지중해 상의 민족의 대이동과 바다를 중심으로 살아가는 사람들

지중해지역에서는 기원전 2,700 - 2,000년 기간 동안 또 한 번의 대규모 민족이동 사태가 발생한다. 그리스와 아나톨리아지역에는 인도 유럽족들이 들어와 세력을 형성하게 되고 레반트 (지중해 동부 해안)지역 - 아모리트 그리고 가나안지역 등 - 에는 사막의 유목민들이었던 샘족이 들어와 구세력을 축출한다. 이로 인해 대규모 민족이동이 지중해 상에서 발생하게 되고 이들 변동 속에 크레테는 미노아 문명이라고 이름지워지는 청동기 문명으로 돌입하여 당시 유럽지역 중 최고로 발달한 문명의 본거지가 된다.48)

이들은 농축산 이외에도 바다를 무대로 이집트와 사이프러스 그리고 바빌로니아지역 국가들과 무역으로 번성한다. 이 크레테의 영향력은 그리스 본토에도 미치지만 당시 그리스지

48) Jacquetta Hawkes, The Atlas of Early Man 96쪽, New American Library, New York, 1942

역은 그레테에 비해 상대적으로 야만적인 상태에 있었다. 사실 당시는 육로보다 해로나 강을 통한 이동이 더 편하던 시기였다.49)

우리의 동명성왕 신화에 비견되는 그리스 신화 속 이야기가 있다. 에게우스 왕이 그를 찾아올 아들을 위해 비장해놓은 징표를 아들 테세우스가 어렵게 바위 밑에서 찾아낸 후 이를 들고 아버지를 찾아 고행길을 나선 이야기다. 그는 당시 남부 그리스에서 아버지가 있는 아테네로 가야 했는데 안전하고 편한 해로를 마다하고 길고 매우 위험한 육로를 택해 갔다고 신화는 기록하고 있다.50)

이처럼 고대에는 육로보다 해로가 더 많이 이용되고 문명이 전파되는 실크로드였음이 분명하다. 길이 없던 시절 강, 호수, 바다는 유일한 고속도로였던 것이다.51)

크레테를 중심으로 번성하던 미노아 문명은 그리스 본토에

---

49) Jacquetta Hawkes, The Atlas of Early Man 116쪽, New American Library, New York, 1942

50) Edith Hamilton, Greek Mythology 149-150쪽, New American Library, New York, 1942

51) .Edith Hamilton, Greek Mythology 117쪽, New American Library, New York, 1942

도 전개되어 작은 도시국가였던 미케네를 크레테 못지않은 문명국가로 만들어준다. BC16세기에 이르러 미케네는 놀라울 정도의 부와 문명을 이루게 되는데 유명한 아가멤논의 황금 마스크도 이 시기에 제작된 것으로 믿어지고 있다. 번성하던 크레테는 기원전 1,500년경 화산의 대폭발로 황폐화되고 사람들은 혼란 속으로 빠져든다. 이로 인해 크레테는 그들 문명의 수혜자라고 할 수 있는 미케네에게 도리어 복속되게 된다. 세력이 커진 미케네는 그 영역을 사이프러스와 지중해 동쪽 레반트(Levant)지역의 우가리트(Ugarit), 비블로스(Byblos) 그리고 지중해 서쪽 끝 대서양 입구에 있던 로데스(Rhodes)지역뿐만 아니라 오늘날의 이탈리아와 영국에 이르기까지 그 영향력 범위를 확대하고 있었다.

그2. '바다사람들 - 해양세력'과 '용'

지중해의 바다사람들

기원전 1,200년대에 이르러 지중해 연안 국가들은 심각한 도전을 받게 된다. 모세에게 인도되어 이집트를 탈출한 히브리인들이 시나이 반도의 광야를 떠돌다 정착을 하게 되는 시기이기도 하고 지중해지역 전체가 요동치는 시기이기도 하였다. 번성하던 미케네도 새로운 위험에 당면하게 되는데 외부의 도전으로부터 도시를 지키기 위해 성곽을 쌓고 지하시설들을 건축했던 흔적이 오늘날까지 남아있다. 이 시기에 지중해 연안 국가들은 무서운 폭력을 수반한 민족의 대규모이동이라는 사태를 맞게 되며 그야말로 대혼란 속으로 빠져들게 된다. 이로 인해 오늘날 표현으로 하면 대규모 보트피플이 발생하게 되는데 이들을 가리켜 “바다사람들(Sea People)”이라 부르게 된다. 이들 해양세력이 이집트와 팔레스타인 그리고 가나안지역과 온 이스라엘을 흔들어놓게 된다. 이들 페니키아 인을 위주로 한 소위 ‘바다사람들’이 점차 지중해의 연안과 섬들에 자리 잡고 소규모 도시국가 식민지들을 서 지중해지역에 건설해 간다. 그리스의 기적이라 불리며 오늘날까지 서구 사회의 문명과 사상의 기반이 된 그리스 문명과 철학도 이 시기에 꽃을 피우게 된다. 트로이 전쟁에서 살아남은 세력을 주축으로 로마도 이 시기에 일어난다. 문명의 충돌에서 새로운 문명이 일어나게 된 것이다. 기원전 9세기에 이르면 페니키아 인들은 카르타고와 시실리 남프랑스, 동스페인지역 등에도 식민도시들을 세우고 항구들을 건설하게 될 뿐만 아니라 이들의 함대가 홍해지역에도 진출하게 된다.[52]

옥스포드 신화 사전(The Oxford Dictionary of Classical Myth & Religion)에서 카드무스(Cadmus)를 찾아보니 카드무스는 페니키아인(Phoencian)이라고 언급되고 또 다른 설로 미케네 출신이거나 이집트인, 또는 고대그리스인이라는 설도 소

52) Jacquetta Hawkes, The Atlas of Early Man 120-121쪽, New American Library, New York, 1942

개하고 있었다. 그가 테베를 세운 기원전 700년 당시는 페니키아 인들의 문자가 그리스로 들어와 정착하던 시기로 고대 그리스가 다시 부활하고 도시국가들이 생겨나던 시기이기도 하다. 페니키아 인들은 이미 기원전 10C에 22자의 기본 문자를 표준화하고 있었는데 이 문자가 고대 그리스에 들어온 것은 기원전 800년경으로 알려져 있다.[53] 카드무스가 테베를 건설하던 시기는 바빌로니아지역에 진출하였던 페니키아 인들이 신흥국 앗시리아(Assyria)에 복속되어 타지역으로 대량 탈출이 이루어지던 시기였으니 카드무스도 이와 관련이 있는 것으로 보인다.

카드무스가 테베를 세우기 전 이 지역에 살던 족속은 누구일까? 이들은 분명 바다를 무대로 살아가던 고대(古代)의 페니키아 인들과 관련이 있다. 그 근원이 확실하게 밝혀지지 않은 그리스 인들을 호메로스는 Danaans 또는 Danoi라고 불렀는데 이는 페니키안이라는 이름이 연유된 Phoenix의 매제 Belus의 아들 Danaus에서 온 것이었다.[54]

53) Jacquetta Hawkes, The Atlas of Early Man 141쪽, New American Library, New York, 1942
54) Oxford Dictionary of Classical Myth & Religion, edited by Simon Price and Emily Kearns, Oxford University Press, 2003

기원전 12C 또는 그 이전부터 그리스지역에 들어와 살던 어디서 왔는지 모르는 페니키아 인들과 새로이 바다를 건너온 신흥 세력이 충돌하였거나 아니면 동족이라며 손잡고 나라를 건설한 역사적 사실이 바로 카드무스의 테베 건설 이야기로 오늘 날 남아있는 것이 아닐까 하는 생각이 든다. 용은 바로 바다를 무대로 살아가던 페니키아 인들을 일컫는 상징이었다.

도시국가 아테네를 창설한 케크롭스는 용의 후손이었다

Edith Hamilton의 Mythology에는 카드무스 이야기 말고도 이곳저곳에서 뱀 또는 용과 관련된 기록들이 많이 있었다. 우선 인류 문명에 찬란한 금자탑을 세운 도시국가, 아테네의 초대 왕 케크롭스(Cecrops)는 인간조상이 없었다. 그는 용의 후손이었는데 하반신이 용의 모습이었다.[55]

"그리스 사람들은 해양족이었고 그래서 항상 위대한 항해자들이었다."[56]는 표현이 곧 그들이 용이라는 사실을 얘기하고 있는 것이다.

55) Edith Hamilton, Mythology 269쪽, New American Library, New York, 1942
56) Edith Hamilton, Mythology 184쪽, New American Library, New York, 1942

제우스는 뱀으로 표현되고 그의 무기는 번개였다

그리스 신화 속에 등장하는 신들 중 가장 지배적 지위에 있던 신인 제우스는 Crete섬의 동굴에서 태어났고 그의 무기는 번개였다. 용의 상징은 번개였다. 해신을 모시는 일본의 신사들의 입구에는 번개 모양의 하얀 표지가 금줄 모양으로 걸려 있다. 번개는 일본의 경우에도 해양세력의 상징이었던 것이다.

▲ 일본 신사 제단에 걸린 번개모양의 걸개

제우스는 뱀으로는 상징되지 않는 것처럼 인식되어 왔으나 피라에우스에서 발견된 한 판에는 틀림없이 거대한 뱀으로 표현된 제우스의 모습이 새겨져 있었다.[57)]

그런가하면 반은 사람이고 반은 뱀인 타이탄족을 제우스가 번개로 제압하는 형상도 있는데, 이를 가리켜 대지의 어머니 신앙이 태양 아버지의 신앙으로 바뀌어가는 모습을 상징한다는 설도 있다.[58)] 그러나 어찌되었든 이러한 변화는 분명 서로 다른 세력들 간의 접합을 통해 서로 다른 문명이 융합되어가는 과정을 의미하는 것일 것이다. 즉, 해양세력들과 그렇지 않는 부류들 간의 충돌 내지 접합에서 파생되는 이야기들일 것이다.

▲ piraeus에서 발견된 석판, 제우스를 뱀으로 표현

57) Joseph Campbell, Occidental Mythology, 18쪽, Penguin Books USA, 1991
58) Joseph Campbell, Occidental Mythology, 22-23쪽, Penguin Books USA ,1991

그리스의 바다의 신, 포세이돈도 용(뱀)이었다

2,000년 대 초 나는 그리스의 신화에 나오는 바다의 신, 포세이돈의 신전을 찾아간 적이 있었다. 포세이돈을 모시는 신전은 아테네에서 50여km 남동쪽 바닷가 마을인 수니오(Sunio)에 위치하고 있었다. 바다의 신이니 바닷가에 있는 것이 당연했으나 나는 포세이돈의 신전 옆에 아테네 신전이 나란히 있는 것을 보고 놀란다. 바다의 신이 그리스 사람들에게는 아테네 신만큼 중요한 신이 되어있었다는 사실이 새삼 바다의

▲ '제우스가 번개로 공격하는 모습'

신의 중요성을 일깨워주고 있었기 때문이다. 포세이돈은 제우스의 동생으로 태초의 힘을 상징하고 아테네는 제우스의 아들로 그 힘을 길들이는 역할을 했다는데 이 태초의 힘, 포세이돈의 상징이 바로 용(뱀)이었다. 제우스의 상징은 번개였는데 번개는 바로 용이 승천하는 모습이었던 것이니 제우스나 포세이돈이나 모두 용과 관련이 있다.

노아의 이미지도 뱀이었다

대홍수에서 살아남은 노아의 이야기는 이집트의 창조 신화 속 눈(Nun)의 이야기에서 연유된다. 이 눈(Nun)이 곧 노아로 되는 것인데 이들의 이미지는 뱀이었다. 이뿐만 아니라 눈, 즉 노아의 방주에 타고 대홍수에서 살아남은 그의 식구들 8명 중 남자 모두(4명)는 뱀으로 그려지고 있다.59)

노아는 '바다사람 - 해양세력'이었을까? 그가 방주를 만들었다는 기록을 보면 노아는 분명 선박에 대한 지식과 경험이 있던 사람임이 분명하다.

이집트의 창조 신화는 홍수가 잦던 나일강변에서 만들어진 신화이니 이곳에 살던 인류는 당연히 수로 이용에 대한 지혜가 있었을 것이다.

---

59) Gary Greenberg, 101 Myths of the Bible, 74-75쪽, Source Books Inc. Illinois, 2002

아서왕의 전설 속 색슨은 적룡, 브리튼은 백룡이었다

2020년 9월 11일 TV 스미소니안 채널(Smithsonian channel)에서 '아서왕과 원탁 기사' 이야기를 청취하고 있던 나는 정신이 번쩍 들었다. 영국의 아서왕 전설에 등장하는 두 민족, 색슨족과 브리튼족이 당시에 각각 적룡(赤龍)과 백룡(白龍)으로 지칭되었다는 사실을 TV가 이야기하고 있었기 때문이었다. 고대 영국 원주민들이 결국, 용이었다는 것인데 그렇다면 이들도 바다사람들인 것이다. 이들은 둘 다 켈트족의 분파이니 놀랄 일만도 아니다. 정말로 놀랄 일은 신라 탈해왕 전설에 나오는 탈해 호위세력도 적룡이었다는 사실이다. 아서왕의 전설 속 원탁의 기사가 모여 회의했다는 원탁도 책상 원탁이 아니고 환상열석을 의미한다는 설이 있고 특히 웨일스 지방에는 거대한 선돌들이 이곳저곳에서 발견되고 있다. 영국 고대의 종교이며 켈트족의 종교로도 알려진 드루이드교의 종교의식은 이처럼 환상열석이나 선돌들 가운데에서 거행되었다 한다. 환상열석과 선돌, 이들은 바다사람들이 이주해간 곳의 상

▲ 나주 불회사 앞 석장승

징과도 같은 존재들이고 우리와 모두 밀접한 관련이 있는 문물들 아닌가?

어린 석탈해를 호위하여 신라에 상륙한 일군의 사람들이 적룡(붉은 용)이었다고 삼국유사는 적고 있는데 아서왕 전설 속 영국의 원주민들도 적룡과 백룡이었다니 동서의 용들이 서로 맥이 통하여 계열화되어 있었다는 말인가? 석탈해는 신장이 9척 장신이었고 얼굴도 이국적이었다고 하여 마치 나주지역의 불회사 입구에 안치된 석장승의 모습을 연상시키는데 영국의 아서왕 전설과 관련하여 이들간의 무언가 상호 연관성이 있음을 말해주는 듯하다. 『바다에서 본 탐라의 역사』 저자 고용희 씨는 석탈해의 출처를 비정하며 탐라의 영역이었던 중국 남부 주산 군도지역이라고 했다. 인도 동남아 중국 남부와 우리의 남서해로 이어지는 바다사람들의 옛 이동 경로를 생각할 때, 이 TV보도는 영국, 그리고 우리의 고대인들 등과 관련하여 중요한 연구과제를 던져주고 있다고 생각된다. 석탈해를 왜인이라고 하고 일본의 이즈모 출신이라고 하는 소위 통설은 그의 신장과 용모를 생각할 때에 아무래도 재고해보아야 할 설(說)인 것 같다.

농경인과 목축인의 구별은 있어도 '바다사람들'은 사라진 역사기록

인류 문명사의 초기에 '바다사람' 즉 '해양세력'의 개념은 사실상 찾아보기 힘들다. 경작자가 아니면 사냥과 목축을 생존수단으로 하였던 집단들 간의 쟁패이야기가 역사였다고 말하여도 과언이 아닐 정도로 이들 간의 이야기로 역사기록은 가득 차 있다.

기독교 성경에는 농경을 하던 카인이 목축을 하던 아벨을 죽이는 모습이 기록되어 있고 BC 2050년에 만들어진 수메르의 점토판 역사서에는 여신 이난나(Inanna)의 사랑을 얻기 위해 농경인과 목축인이 경쟁하다 결국 목축인, 두무지가 여신의 사랑을 얻는 이야기가 나온다. 가나안 사람들은 농경인이었고 뒤늦게 이를 차지한 히부리인들은 목축을 하는 집단이었다.

동아시아의 경우에도 黃帝는 "옮겨 다니며 왕래할 때 고정

된 주거지가 없었고 군사들의 진채(陣寨)를 숙영지로 삼았다." 하며 炎帝는 "쟁기를 만들어 백성을 이롭게 하였다."고 하였으니 이는 바로 목축과 농경문화의 모습이다.

이것만 보면 인류 문명의 초기에는 마치 농경인 세력과 목축 또는 유목민들만이 있었던 것처럼 보이나 실제로는 이들 이외에 바다를 무대로 살아가던 해양세력들이 분명히 있었다.

크레테(Crete) 사람들은 분명 바다를 무대로 교역 등을 통해 번영을 이루었고 성경에 나오는 브레셋(펠리시테)인들은 해양세력이었다는 기록이 있다. 그리스의 원주민으로 믿어지며 오늘날 영어 알파벳의 기원이 된 페니키아인들 역시도 바다사람들이었다.

이스라엘 12지파의 하나인 단족도 '바다사람들, 해양세력'이었다

브레셋인들과의 충돌로 오늘날의 텔아비브 - 욥바지역에 자리 잡고 있던 이스라엘 12 지파 중 하나인 성경 속의 단족이 그 지역을 내주고 이스라엘 북방인 레센 - 오늘날의 텔 단 지역으로 이주해가게 된다.[60)]

이 텔 단 지역은 BC 18세기에 창세기에 나오는 요셉이 활동하던 곳이기도 하고 BC 925년에 여로보암 1세가 금송아지 산당을 세운 곳이기도 하다. 또한 헤롯왕이 세운 도시 가이사라 빌립보의 화려 장대한 현장이기도 하다.[61)]

바로 이 성경 속 단(Dan)족이 '바다사람들 - 해양세력'이라고 주장하는 사람도 있다. 단(Dan)이라는 이름은 호메로스가 말하는 Danoi에서 연유되는데 이들은 트로이 전쟁에 참전했던 그리스 인들의 일부인 Danuna group으로 이스라엘 민족

60) 이요엘, 12지파 탐사여행, 172쪽, IN크리스토, 2018,
61) 이요엘, 12지파 탐사여행, 184-186쪽, IN크리스토, 2018,

과 비슷한 시기에 가나안과 팔레스타인지역에 들어와 터를 잡고 살고 있었다가 나중에 이스라엘 세력과 연합하였다는 것이다.62)

이 주장에 의하면 우리가 잘 아는 단 지파의 사사, 삼손도 바로 이 바다사람들인 Danoi의 후손이라는 것인데 그 증거로 부인 둘이 모두 해양세력인 블레셋 사람이었다는 것, 또 그가 친하게 지냈던 모든 사람들이 다 블레셋 사람들이었다는 것과 삼손의 전설은 이집트의 반인반신인 Re- Herakhte 또는 그리스의 헤라크레스 전설에서 온 것으로 삼손은 가나안 지방의 일종의 태양신으로 이집트와 그리스의 전설에 나오는 이들 반인반신들과 그 요소를 같이 하고 있다는 것이다. 그리고 이들 모두의 문화적 뿌리는 그리스의 미케네에 그 연원이 있다는 것이다.63)

기원전 1,200년경 크레테가 돌연 붕괴된64) 이후 지중해 연안에는 바다를 무대로 그 세력을 확장해간 사람들이 바로 '바다사람들 - 해양세력'이다. 이들 중 이집트를 괴롭히던 블레

---

62) Gary Greenberg, 101 Myths of the Bible, 171-172쪽, Source Books Inc, Illin ois, 2002

63) Gary Greenberg, 101 Myths of the Bible, 263, 269쪽, Source Books Inc. 2002

64) 빌터 부르거리트, 남경태 역, 그리스 문명의 오리엔트 전통, 16쪽, 사계절, 2008

셋인들은 팔레스타인에 정착하게 되고 일부 미케네인들은 키프로스로 이주하게 되는 등[65] 키프로스에서 아프리카에 이르는 해안 지대 여러 곳에 이들 해양세력이 세운 개척도시들이 들어서게 된다.[66]

65) 빌터 부르거리트, 남경필 역, 그리스 문명의 오리엔트 전통, 186쪽, 주18 중에서, 사계절, 2008

66) 빌터 부르거리트, 남경필 역, 그리스 문명의 오리엔트 전,통 33쪽, 사계절, 2008,

그3. 뱀 - Dragon, Serpent 그리고 Snake / 힌두의 뱀

용과 뱀

용을 죽이고 또 한편 용들의 도움으로 테베의 왕이 된 카드무스 가족에게 많은 불행이 따라온다. 연이은 불행으로부터 피난하듯 테베를 탈출한 카드무스와 그의 부인 하모니아(Harmonia)도 신에 의해 뱀으로 변신된다.[67] 그런데 Hamilton은 이때의 뱀은 serpent라고 기록하고 있다. 카드무스가 죽인 존재는 dragon으로 표기하고 있는 것과 분명히 다르게 구별하고 있는 것이다.

그런가하면 그는 또 다른 용어로 뱀을 지칭하고 있다. 바로

67) Edith Hamilton, Mythology 256쪽.

의술의 신이라 불리었던 아스크레피우스가 그의 신묘한 의술에 이용하였던 뱀을 snakes로 표현하고 있는 것이다.[68] 결국 뱀과 관련하여 그는 dragon, serpent 그리고 snake라는 세 가지 다른 이름을 사용하고 있는 것을 알 수 있다. 특히 큰 뱀은 고유명사로 기록하고 있는데 아폴로 신이 죽였다는 피톤이니 헤라클레스에 의해 죽임을 당하는 9개의 머리를 갖고 있는 히드라 또는 페가서스가 그의 피에서 태어났다는 고르곤 등이 그들이다. 바다의 뱀은 또 sea serpent로도 표기하고 있다. 페르세우스가 메두사의 머리를 갖고 에티오피아에 도착했을 때 sea serpent에 바쳐진 처녀 안드로메다(andromeda)를 구하는 장면이 나오는 것이다.[69]

카드무스의 딸들 중 이노(Ino)는 죽은 아들 프리서스(Phrixus)을 껴안고 바다에 투신하는데 이노는 바다의 여신이 그리고 아들은 바다의 신이 되었다고 그는 서술하고 있다.[70] 이는 원래 왔던 고향으로, 이들의 원형으로 돌아가는 모습이 아닐까?

힌두의 세계에서 뱀은 원래 지구를 둘러싸고 있는 바다였다.

68) Edith Hamilton, Mythology, 280-281쪽, New American Library, New York, 1942
69) Edith Hamilton, Mytholoy 146쪽, New American Library, New York, 1942
70) Edith Hamilton, Mythology 255쪽, New American Library, New York, 1942

왜 신화 작가들은 뱀을 일컫는데 이처럼 여러 이름을 사용하였을까? 분명 무엇인가를 구분 · 설명하려 하였을 것이다. 용, 즉 dragon이라는 용어는 무엇인가 상대적으로 귀한 것과 관련이 있고 뱀, 즉 serpent라는 용어는 통상적인 것을 표현하고 있으며 혐오적인 것과 관련지어서는 snake라고 부르고 특별히 커서 괴기한 정도가 되면 개별적인 이름을 붙여 불렀던 것으로 보인다.

다른 각도에서 보면 시대의 차이에서 오는 것도 있는 듯하다. 즉 시원적인 존재와 본류들에 대하여는 용으로 그 이외의 존재로서 곁가지들에 대해서는 뱀으로 표현한 것으로도 보인다.

죽임을 당하는 뱀과 용들

그리스 신화뿐 아니라 많은 나라의 신화 속에는 이상하게도 죽임을 당하는 뱀들이 많이 나온다. 왕뱀 고르곤(Gorgon)은 페르세우스(Perseus)에 의해 죽임을 당하는데 그 왕뱀의 피에서 탄생한 것이 천마, 페가서스(Pegasus)다.

페르세우스가 서로 꼬인 뱀들로 이루어진 메두사의 머리를 잘라 그 머리를 갖고 에티오피아에 도착했을 때 바다의 뱀에게 제물로 바쳐진 처녀 안드로메다(Andromeda)를 발견한다. 페르세우스는 바다의 뱀을 죽이고 이 처녀를 구해 낸다.[71]

제우스의 사생아 헤라클레스(Hercules)가 태어나자 시기심을 주체 못한 헤라 여신은 태어난 그 아기를 죽이기 위해 뱀을 보낸다. 그러나 그 뱀은 아기 헤라클레스에 의해 죽임을 당한다. 헤라클레스는 성장하여 델피 근처 레르나(Lerna) 습지에 살고 있던 머리가 아홉인 괴물 뱀 히드라(Hydra)를 죽인다.[72]

---

71) Edith Hamilton, Mythology 146쪽, New American Library, New York 1942
72) Edith Hamilton, Mythology 164쪽, New American Library, New York 1942

아폴로 신은 세계의 중심이라 불리운 델피(Delphi)의 산 기슭 동굴, 페르나소스(Pernassus)에 살고 있던 왕뱀, 피톤(Phython)을 죽인다.[73)]

역사는 수메르에서 시작되었다고 일컬어지는 수메르의 역사 기록, 점토판에는 용을 죽이는 영웅, 길가메시의 이야기가 나온다. 길가메시가 생명의 땅에 들어가 괴물 후와와를 죽이는 장면이 나오는데 이 후와와가 바로 용이다.[74)]

일본의 역사서 서기에는 8개의 머리를 갖고 있던 큰 뱀을 죽인 신라 왕자, 스사노의 이야기가 나온다.

인도에는 거대한 뱀 '브리트라'가 우주의 모든 물을 거두어 똬리를 틀고 있어 가뭄이 창궐하자 인드라 신이 이 브리트라를 살해하였다는 신화가 전해지고 있다.[75)]

왜 이 용, 뱀들은 죽임을 당해야 했을까? 아니 무슨 사연이 있기에 그들은 공포의 대상이 되고 죽어야만 했나?

---

73) Edith Hamilton, Mythology, 31쪽
74) 사무엘 노아 크레이머, 박성식 역, 역사는 수메르에서 시작되었다, 244쪽, 도서출판 가람기획, 2018
75) 조르주 뒤메질, 김현자, 인도유럽신화의 비교연구, 392쪽, 민음사, 2018

또 길가메시가 용을 죽인 현장인 생명의 땅이란 어떤 곳을 이야기 하는 것일까? 길가메쉬는 바빌로니아지역 남부에서 발원한 도시국가 우륵(Uruk)의 전설 속 영웅이다. 그는 도시국가 우륵의 성벽을 쌓아 당시 강력한 세력을 갖고 있던 북쪽의 국가 키쉬(Kish)의 왕 아가(Aga)의 공격을 막아낸 장본인으로 알려져 있다. 그런 길가메쉬가 생명의 땅에 들어가 용을 죽였다 함은 우륵(Uruk) 이외의 어느 특별지역까지 들어가 무엇인가 영웅적 행위를 하였다는 것을 이야기하는 것일 것이다. 우륵시민들이 길가메쉬의 이 행위를 역사적 사실로 기록할 정도로 영웅적 행위를 한 곳이 남쪽, 페르시안 걸프에 가까운 지역에 고대에 존재하였던 두 도시국가, 라가쉬(Lagash)와 움마(Umma)지역이나 그 부근을 이야기하는 것이 아닐까? 우륵도 라가쉬도 그리고 움마도 모두 소위 말하는 대 홍수 이후에 이곳에 세워진 도시국가들이다. 그런데 또 다른 기록에 의하면 길가메쉬는 대홍수 이후 메소포타미아 북 쪽에 등장한 국가 키쉬(Kish)에 속했다는 설이 있다. 메소포타미아가 남북을 통할하는 상당한 기간 계속되는 확실한 통일 왕국을 갖는 것은 BC 2,469-2242로 추정되는 시기의 아게이드(Agade) 국의 사르곤(Sargon)왕에 이르러서다. 그 이전에도 단속적으로 통일되는 경우는 있었던 것으로 보인다. 길가메쉬의 이야기는 사르곤 왕 이전 시기에 그가 메소포타미아의 남쪽으로까지 내려와 그 지역을 통치하던 족속들과의 싸움에서 승리하였다는 것을 이야기하는 것은 아닐까?

고대 바빌로니아에 "에딘의 언저리(Edge of the Edin)"라는 지역이 있었다.[76] 혹시 길가메시 전설에 나오는 생명의 땅이라는 곳이 이 에딘(Edin)이 아닐까? 생명의 땅이란 물이 있고 경작이 가능한 지역이었을 것이다. 이 에딘이라는 지역은 두 도시국가, 라가쉬와 움마를 얘기한 것일 것이다. 그러기에 에딘의 언저리까지 그 경작지역을 넓히려했던 두 도시국가가 그들 사이에 있던 열린 고원지대를 두고 에딘의 언저리라 했을 것이다. 그곳은 티그리스와 유프라데스 강의 남쪽이었고 바로 노아의 후손들이 동쪽에서 와 자리 잡은 곳이었다.

오늘날 이 두 강은 남쪽 페르시아 만에서 160km 떨어진 곳에서 만나 샤트 알 아랍(Shatt al- Arab)이러 불리는 대 수로를 형성하고 남동쪽으로 흐르다 이란의 남부에서 흘러드는 카룬강과 다시 결합한 후 페르시아만으로 흘러들어 가는데 그

---

76) H. W. F. Saggs, Babylonians 61쪽, University of California 2000.

지역 사람들은 이 부근이 에덴동산이었다고 주장하고 있다.77)

길가메시가 죽였다는 용은 무엇을 상징하는 것일까? 기록에 의하면 길가메시가 영생을 얻기 위해 바다 속에서 건져낸 '생명의 나무'를 그가 물웅덩이에서 멱을 감는 사이 용이 나타나 이를 훔쳐갔다고 한다.78)

그래서인지 길가메쉬는 용인 후와와를 죽인다. 이때의 용은

▲ pylos에서 발견된 우주목(생명의 나무) 그림

77) H.W.F. Saggs, Babylonians, 22쪽 상단 사진 해설,

78) Steven Greenblatt, The Rise and Fall of Adam & Eve, Baron International, 2017, 정명목 번역, 아담과 이브의 모든 것, 까치글방 2019, 74쪽

노아의 후손들이 살던 지역에 자리 잡고 있던 세력을 말하는 것으로 보이는데 그렇다면 이 전설 상의 용은 대홍수에 방주를 만들어 살아남은 바다사람들을 일컫는 말일 것이다. 즉 용을 죽였다 함은 해양을 무대로 살아가던 세력, 바로 노아의 후손들을 복속시켰다는 이야기일 것이다. 생명의 나무라는 존재는 고대 지중해지역에 광범위하게 퍼져 있던 신화 속 나무인데 점토판에 남아있는 관련 그림 속에서는 거의 모든 경우라고 할 정도로 항상 뱀과 같이 등장한다. 뱀이 나무를 휘감고 있거나 나무 앞에서 이를 지키는 형상으로 묘사되어 있어 뱀은 바로 생명의 나무 파수꾼 역할을 하고 있다. 결국 길가메쉬가 용을 죽였다 함은 생명의 나무를 지키던 용을 죽이고 그 나무를 탈취했다는 형국이 되는 것이다. 이 생명의 나무는 수메르의 아라루 산에서는 하늘 기둥으로 나타나고 산해경 상의 곤륜산과 성경의 에덴동산에도 각기 존재했던 나무였다.[79]

79) 정영규, 수메르 이스라엘 문화를 탄생시킨 한 민족, 135쪽, 한국문화사, 2004

제주도 신화 속에서

제주도의 신화에는 18,000여의 신이 등장한다. 천지 창조와 관련된 바리대기 공주가 등장하는 칠성본풀이 무당굿에서의 상징물이 바로 뱀이며 이는 메소포타미아 인도 그리고 중국을 거쳐 들어온 신화로 이해되고 있다.[80)]

80) 김원익, 한국의 신화 연구소, 바다출판사, 2011

그리스의 의술의 신을 상징하는 뱀

▲국군의무사령부 부대 마크

우리 국군의 병과마크 중에 의무병과 마크에는 뱀 두 마리가 봉을 감아 올라가는 모양이 그려져 있다. 고대 그리스의 전설 속 명의, 아스크레피오스가 짚고 다니던 단장의 머리에 뱀이 장식되어 있었다는 사실 때문인데 그런 연유로 의료의 신의 상징이 뱀이 된 듯하다. 아스크레피오스의 치료 방법은 운동과 예술활동 등도 망라되었는데 그 중 마지막 단계는 환각 상태에서의 시행이었다고 한다. 이 환각 상태와 관련이 있는 것이 바로 뱀독과 관련이 있을 것으로 믿어지고 있다. 어떤 연유로 아스크레피오스는 단장에 뱀 머리를 조각하였을까? 그리스시대의 뱀은 치유 또는 치유를 위한 지혜를 상징하는 존재였을까?

힌두의 전설 속 뱀, 칠두사(七頭蛇)

캄보디아의 앙코르와트 입구에 가면 거대한 칠두사의 모양의 교각을 갖고 있는 다리가 있다. 일곱 개의 머리로 표현된 7개의 대륙을 뱀의 몸체로 상징된 바다가 둘러싸고 있는 형국인데 이러한 상징은 힌두에서 왔다. 바다는 바로 뱀이었다.

불교의 뱀

이 뱀을 불교에서는 '나가'라고 일컫고 있는데 이의 한역(漢譯)이 바로 용이다. 석가모니 불의 전설에서도 뱀이 나온다. 즉 우주의 중심에 서있는 신목에 여신과 그녀의 남편인 뱀이 부처의 해탈을 지원하는 모양으로 뱀이 등장하고 있는 것이다.[81)]

보리수나무 뿌리 속에 살던 우주의 뱀, '부카린다'가 뿌리 속에 나와 석가모니 부처에게 경의를 표하기 위해 다가오는데 이때 거대한 폭풍이 불어온다. 그 폭풍으로부터 석가모니 부처를 보호하기 위해 코브라 쓰개가 되어 석가모니의 머리 위를 지킨다. 7일7야 동안 석가모니 부처를 지키던 부카린다는 온화한 젊은이로 화하여 석가모니 부처에게 경배를 하고 물러간다.[82)]

---

81) Joseph Campbell, Occidental Mythology, 16쪽, Penguin Books USA Inc. 1991
82) Joseph Campbell, 구학서 역, 여신들, 21쪽, 청마, 2016

그4. 해양세력의 상징 용, 대륙세력의 상징 봉황

중국의 용과 봉황

중국의 용 도안은 신석기시대부터 등장한다고 한다. 신석기인들은 어느 곳인지는 모르나 미지의 땅으로부터 이주해온 사람들이다. 구석기인들이 사라진 땅에 들어 온 새로운 인류인 것이다.

중국 고래의 종교인 도교에는 용이 등장하는데 이들의 제례용 청동기 용기에는 용과 봉황이 조각되어 있고 용의 승천 현상으로 이해되었던 번개의 모습도 새겨져 있다.

이 용과 봉황은 후대에 이르러 천자의 상징이 된다.

근세 조선 왕의 시조묘인 전주시의 경기전에 가면 이성계 태조의 영정이 있다. 이 영정 앞에 바로 용과 봉황을 상징하는 두 조각물이 서 있는 장면을 목격할 수 있다. 나는 이 용과 봉황을 바다와 대륙의 만남으로 해석하고 있다. 고래로 해양세력의 상징은 용이었고 대륙세력의 상징은 새였는데 이 새가 후대에 이르러 봉황으로 고양된 모습이 된 것이다. 옛 임금들은 바로 이 해양세력과 대륙세력으로 구성된 국민들을 다 같이 받들어야 임금의 책무를 다하는 것이었다.

능산리 고분에서 출토된 백제시대의 향로에는 용과 봉이 조각되어 있는데 이를 두고 유홍준 교수는 도교의 상징물로 이해하고 있다. 그러나 나는 이를 단순한 도교의 상징물로 보지 않는다. 고대 우리나라의 왕들에게는 해양계와 대륙계 모두의 국민을 조화롭게 품어야 할 책무가 있었던 것인데 이 용봉 향로는 바로 그 책무를 상징한 것으로 왕들은 제사 시에 이들 모두의 안녕을 기원하여야만 했던 것이다. 이 책무가 대대로 전승되어 이 태조의 영정 앞에도 용과 봉이 놓여진 것일 것이다.

중국의 염제(炎帝)도 용의 후손이었다

『산해경』에 의하면 神農으로 알려진 중국의 炎帝는 그의 모친이 나들이를 나갔다가 용을 만나 감전된 듯한 이상한 기운을 느끼고 임신하여 낳았다고 한다. 그러니 염제는 용의 자손이다. 그의 어머니는 少典王의 왕비였다고 하는데 이 소전이라는 이름은 사람 이름이라고 하기 보다 중국 남부의 한 제후국 이름이었다는 설이 있다.[83] 염제가 黃帝의 형제이고 황하 유역 사람으로 알려 졌지만 少典이라는 제후국이 중국 남방에 위치했던 나라이니 결국 염제는 남방계가 분명하고 용의 자손이니 해양계이고 황제와의 관계도 형제는 아니었던 것으로 보인다.

---

83) 李學勤, 이유표 번역, 의고시대를 걸어 나오며(走出疑古時代), 89쪽, 글항아리, 2019

일본 신화 속의 용과 봉황

일본의 신화 속에 제1대의 천황(天皇)으로 믿어지는 진무(神武)는 바로 해양계와 대륙계의 결합에 의해 탄생된 인물이다.[84] 일본 말로 皇天의 발음은 '한댕그리'인데 이는 용의 머리에 탄 봉황의 상이라는 것이다.[85] 용은 해양계를 봉황은 대륙계의 민족을 표상하는 것이니 이는 분명 대륙계가 해양계들 위에 군림하여가는 과정의 산물임이 분명하다. '댕그리'는 몽고말로 하늘을 뜻한다.

---

84) 永留久惠, 對馬國志, 9쪽, 交隣舍出版企劃, 2009
85) 永留久惠, 對馬國志, 7쪽, 交隣舍出版企劃, 2009

스키타이 민족과 뱀

신라 황금문명의 원조라고 믿어지고 있는 중앙아시아 초원의 지배자였던 스키타이 민족은 누구인가? 그리스의 역사학자이자 문호인 헤로도투스는 그들이 헤라크레스와 하반신이 뱀인 마녀 사이에서 태어난 세쌍둥이로부터 연유되었다고 기록하고 있다. 스키타이의 전설에 의하면 자기들의 조상은 하늘의 신과 강의 신인 하신(河神)의 딸 사이에서 태어난 세 쌍둥이 중 하나인 타르키타우스인데 그가 하늘에서 떨어진 3가지의 성물(聖物), 즉 제사용 잔, 전투용 도끼, 그리고 농경용 쟁기와 멍에를 취했다는 것이다. 이들 세쌍둥이 세력들은 기원전 4000년경에서 2000년 사이에 대이동을 하게 되는데 이 중 하나는 아라비아반도 즉, 티그리스 유프라테스지역으로 가고 다른 하나는 이란 인도지역으로 그리고 세 번째 세력은 동쪽으로 이동하여 타림분지와 누란, 그리고 몽고 초원지역을 장악하게 되었다고 한다. 이 세 번째 세력이 바로 흉노족이다.86)

그렇다면 메소포타미아 남쪽으로 이주해온 노아의 후손이 바로 스키타이족의 일 지류였다는 이야기도 되는 것이다.

86) 김호동, Atlas, 중앙아시아 사, 사계절출판사, 2016

부여족의 조상 해부루도 하백의 딸과 결혼하고

부여국의 건국의 아버지 해부루 역시 天帝의 아들이고 하백의 딸과 결합한다. 바로 스키타이의 신화와 동일하게 하늘의 아들이 해양계 여인과 결합하는 과정의 기록인 것이다. 이 혈연은 결국 우리의 조상이 시원의 시기에 바다사람들과 결합했다는 사실을 말해주고 있으며 위에서 말한 헤라크레스와 하반신이 뱀인 여인과의 결합 신화의 우리 식 전화(轉化)일 수도 있다.

날개 달린 뱀, 남미 마야의 성전

남미 멕시코시티의 외곽 지대에 있는 피라미드, 테오티우칸 그리고 유카탄 반도에 있는 치첸이차의 피라미드에도 날개 달린 뱀의 형상이 보인다. 이들의 조상이 날개 달린 뱀이라는 것인데 날개 달린 뱀이란 다름 아닌 용이다. 인류 역사의 기록에서도 언제부터인가 용과 뱀은 동일시되어 왔다. 날개 달린 뱀이란 땅과 하늘의 결합을 상징한다는 설도 있다. 우리말의 용(龍)의 고어는 '해미'다 이 해미가 변해 '배미'가 되고 이 배미가 뱀으로 되는 과정을 거친 것이니 우리에게 있어 용과 뱀은 하나의 존재다.

뱀 머리가 조각된 금인들, 기타 고대 유물들

아스크레피오스의 단장뿐 아니라, 시가노시마에서 발견된 금인의 손 잡이도 뱀으로 장식되어 있었다. 이 뱀손잡이는 중국 운남성(雲南省)에서 발견된 금인, 廣陵王璽에도 있는 것인데 이 금인은 시가노시마 금인이 수여된 다음 해에 한나라가 운남성(雲南省)지역에 자리잡고 있던 지방 세력에게 수여한 또 다른 금인이었다.[87)]

중국 청동기시대 초나라의 고묘에서 출토된 잔의 손잡이에도 뱀이 얼기설기 서려 있는 문양이 있고 한나라 초기의 인장들에서는 물고기 문양과 뱀 문양의 손잡이가 발견되고 있다고 한다.[88)]

그밖에도 용이 몸을 서리고 뒤얽힌 모습의 반리문(蟠螭紋) 또는 큰 뱀이 빙 둘러 감은 듯한 문양인 반훼문(蟠虺紋)이 있

---

87) 志賀島たより14號, 志賀島 歷史 硏究會 2013.9.

88) 李學勤, 走出疑古時代. 이유표 번역, 의고시대를 걸어 나오며 481쪽. 562쪽, 글항아리 2019

는 중국 춘추전국시대의 청동기 기물과 검들이 산시성과 허난성 등에서 출토된 적이 있다.[89]

89) 李學勤, 走出疑古時代. 이유표 번역, 의고시대를 걸어 나오며, 312, 314, 316쪽, 글항아리, 2019

성경의 뱀에 대하여

다시 『성경』으로 돌아가 보자. 낙원에 살며 다른 세상을 몰랐던 아담과 이브에게 지혜의 과일을 따 먹게 한 장본인인 뱀, 왜 뱀을 지혜와 결부시켰을까? 왜 뱀이 개입되어야만 지혜가 나타나는 것일까? 지혜를 얻은 아담과 이브는 낙원에서 나오게 된다. 뱀은 바로 바다를 통해 먼 곳까지 다니며 새로운 세상을 보고 들은 존재가 아니었을까? 새롭고 다양한 세상을 접한 존재가 당연히 갖게 되는 정보, 그 정보가 지혜의 형태로 나타나 아담과 이브에게 낙원 밖에도 새롭고 다양한 세상이 있음을 알려준 것일 것이다. 그 결과 아담과 이브는 넓은 세상을 찾아 에덴이라는 좁은 세상의 울타리 밖으로 나온다. 이 사실을 성경은 낙원에서 쫓겨난 형태로 기술하고 하고 있는 것이리라. 모든 먹을 것들이 다 있던 낙원에서 원시적 채취 경제생활을 하던 아담과 이브가 에덴의 밖으로 나와 농경과 목축을 하는 생활을 하며 세상살이가 고달파진 까닭에 먹을거리가 풍부했던 에덴을 낙원으로 묘사한 것인가? 어찌되었든 뱀으로부터 넓은 세상 이야기를 접한 아담과 이브는 에덴에서 나와 농경과 목축 문명의 선조가 된다. 뱀은 분명 정보 전달자였다.

이 사건을 두고 중세 때 '아르켄젤라 타라보리'라는 수녀가 『Tirannia Paterna』라는 책을 저술하였는데 그 책에서 "이브는 자만 때문이 아니라 지식에 목말랐기 때문에 금단의 열매를 먹으라는 권유에 응했다."라고 기술하였다는 이유로 책이 금서가 되기도 하였다 한다.[90] 정말로 이브는 정보에 굶주려 있었던 모양이다. 우물 안의 개구리 신분을 과감히 청산하고 보호막 밖으로 나와 문명을 건설하였으니. 1세기에 유포된 『아담과 이브의 삶』이라는 그리스어 책에는 '인간의 은인은 하느님이 아니라 뱀이다.'라고 기술되어 있었다 한다.[91] 실사구시(實事求是)의 한 모습이 2,000년 전에도 있었음을 알겠다.

90) Steve Greenblatt, Adam & Eve, 정명목 역, 아담과 이브의 모든 것, 169쪽, 까치글방, 2019

91) Steve Greenblatt, Adam & Eve, 정명목 역, 아담과 이브의 모든 것, 87쪽, 까치글방, 2019

3부
확산하는 해양세력과 단군신화

21. 거석문화의 확산

석기시대에서 철기시대에 이르는 기간 지중해 연안에서 세력을 크게 확장한 해양세력들의 문화적 특징 중 하나는 바로 커다란 돌을 이용한 건축물들이다. 바빌로니아의 거대한 탑, 지구라트 그리고 크레테의 화려하며 정밀한 석조왕궁, 이집트의 피라미드, 미케네의 석조무덤, 영국의 스톤헨지와(환상)열석 무덤들. 아일랜드와 스코틀랜드의 거대한 선돌들을 비롯하

▲ 제주시 용담동 고인돌

여 북 유럽인 스칸디나비아 반도로부터 북 아프리카 연안까지 - 네덜란드와 프랑스의 카르낙, 스페인 포르투갈 그리고 알제리- 대서양 연안에 널리 분포된 거대한 돌무덤과 열석들 600여 개소 6만여 기의 유적들이 상금 보존되어 있고 흑해 연안인 러시아의 카프가즈(코카서스)지역에도 2,400여기가 있는 것으로 기록되어 있다. 이들 거석들은 인도 데칸고원 남부, 인도네시아, 베트남, 중국의 저장성 그리고 우리나라와 일본에 이르기까지 주로 바다 연안에 분포되어 있다.

우리나라의 경우, 고창읍 죽림리(442개의 고인돌)와 아산면 상갑리는 한국 최대의 고인돌 군집지이고 화순 도곡면 일대에

▲ 영암군 신연리 고인돌

도 596개의 고인돌들이 확인되고 있다. 강화도 하점면 일대의 고인돌은 웅대한 규모로 익히 알려져 있고 제주도를 포함한 남부 지방에도 널리 이들 고인돌들이 산견되고 있다. 우리 조상들의 흔적이라고 믿어지는 중국의 랴오닝 성에도 760여 개의 고인돌이 보고되고 있다.92)

나는 지금 충남 서천의 갈대밭을 떠나 고인돌의 고향이라고도 할 수 있는 고창의 고인돌 공원을 향해 호남고속도로 상을 달려 내려가고 있다. 여러 해 전 내가 『해안선에 남겨진 이름들』의 집필을 위해 우리 해안선을 답사할 때 같이 동참하였던 대학 후배 양승주 부부가 이번에 또다시 연구 여행에 동참하여 먼 길 운전을 마다하지 않고 동참한 것이다. 어제 하루 묵었던 서천 해안가의 유스호스텔은 참 깨끗했고 주변의 경관 역시 아름다웠다. 그러나 호스텔 자체나 그 주변에 식사를 할 수 있는 시설이 없어 저녁식사부터 애를 먹었다. 오늘 아침식사는 내가 집에서 가져온 빵과 물로 때웠다. 가까운 주변에 예쁜 카페가 있었으나 10시나 되어야 문을 열었기에 이용할 수가 없었고 호스텔 식당이 부산하기에 가보았더니 그룹

92) 상세는 이영문의 '고인돌 역사가 되다, 학연 문화사 1988의 188쪽부터 214쪽까지 참조

으로 온 사람들에게는 아침식사를 제공해주고 있었다. 그런데 개인여행객들에게는 식사제공이 불가하다고 하여 다른 방법이 없었다. 집에서 출발 전부터 그 사실을 알았지만 나 때문에 먼 길을 운전하고 온 양승주 부부에게 미안한 일이었다. 그래도 이 부부는 명랑하기만 하다.

어제 우리는 1816년 9월 5일 우리 해안선을 측량하던 영국 군함, 순양함 Alcester호와 Lyla호의 선장 Murray Maxwell 대령과 Basil Hall 대령에 의해 마량진 첨사 조태복에게 영어 『성경』이 우리나라에 최초로 전래된 서천 바닷가 현장과 서천 앞 바다를 지나가다 풍랑을 만나 배가 침몰하여 순직한 선교사 아펜젤러 기념관에 들렸었다. 성경 전래지인 바닷가 벌판에는 기독교 단체에 의해 제법 큰 기념석비가 세워져 있었고 아담하고 청초하게 보이던 아펜젤러 기념관은 이 성경 전래지로부터 멀지 않은 곳에 있었다. 미국인 아펜젤러 선교사는 미국 펜실바니아 출신 감리교 선교사로 조선조 말 이 땅에 와서 배재학당을 세웠고 윤치호 선생과 독립신문 편집을 같이 하는 등 조선의 근대화에 크게 기여한 분이다. 그가 영어성경이 최초로 전래된 이곳 앞바다에서 순교했다는 것이 묘한 울

▲ 서천 마량진 성경전래지 표지석

림을 준다. 이 두 곳은 해군 OCS 동기 김홍석 목사가 이곳에서 목회를 하며 성경 전래지요 순교지라며 꼭 와보라고 하여 그의 안내로 몇 년 전 들려 예배도 보았던 곳이기도 하다.

고창 고인돌 공원은 항상 가보고 싶은 곳이었다. 그러나 찾기 쉬우니 다음에 가보자 다음에 하다가 아직까지 가보지 못했던 곳을 이제야 양승주 부부의 도움을 받아 가고 있는 것이다. 도착해서 보니 공원은 생각보다 규모가 크고 잘 정비되어 있었다. 방문객 안내소도 미국의 국립공원 안내 센터같이 잘 운영되고 있었다. 공원 내를 운행하는 버스를 타고 고인돌 현장에 내렸다. 거대한 고인돌이 이곳저곳 자리 잡은 공원지대는 우선 아름다웠다. 결국은 돌무더기인데 그 돌들이 이토록 아름답게만 느껴진다는 것이 신기했다. 어마어마하게 큰 바윗돌부터 상대적으로 작은 돌무더기까지 무수하게 널려진 그 공원은 마치 제갈공명이 펼쳤다는 팔진도의 현장 같았다. 신석기와 청동기시대 초기의 유산으로 알려진 이 무덤들을 만든 우리의 선조들은 어디서 온 분들인가? 이 고인돌이라는 묘제의 시작이 우리로부터 인가 아니면 어느 먼 곳으로부터 흘러온 것인가? 그 대답은 마치 팔진도 같은 바위들의 진 속에 흩어져 숨겨져 있어 이 진을 이해하는 사람만이 그 답을 알 수 있는 것인 듯했다. 하나하나의 규모로 보면 영국의 스톤헨지가 제일 큰 규모다. 하나하나의 모양은 마치 우리의 탁자식 고인돌을 비례로 확대해놓은 듯한 모습이지만 이러한 개개의 고인돌을 죽 원형으로 둘러놓아 무덤 이외의 무언가 다른 목적에도 기여한 구조물로 보인다. 춘분과 추분 때 태양을 관측했던 장소라고도 이야기되는 이유가 바로 그 원형 형태 때문이다. 이에 비해 해협 건너 가까운 프랑스 브리타니 지방의 카르낙이라는 작은 마을에 있는 선도(羨道)가 있는 돌무덤들은 무덤임이 분명한데 커다란 바위들을 양옆으로 늘어세우고 그 위에 넓은 판석을 올려놓은 구조다. 주 무덤 봉분의 직경이 25m에 달하는 것도 있는 등 큰 규모다. 이에 비해 같은 지역에 있는 선형(線形) 돌무더기들은 하나하나는 그리 크지 않았지만 줄을 맞춰 세워놓은 열석(列石)의 전체 규모는 진시황 무덤에 도열한 무사들을 연상시킬 정도로 질서 있는 장대함이 있다. 여러 해전 그곳을 답사했을 때 그 열석들의 무리가 도대체 무엇을 의미하는지 내가 아는 동서양의 모든 지식을 동원해가며 고민하던 일이 생각난다. 현지의 견해들은 참으로 다양했었다. 해와 달을 관측하던 장소라는 설, 외계인에게 보내는 무슨 신호라는 설, 비행물체의 착륙을 유도하기 위한 활주로라는 설을 비롯하여 심지어 로마의 병정들이 마법에 걸려 돌로 변했다는 설도 있었다. 당시 나의 생각은 '분명 죽은 자들에 대한 경배를 표현하기 위해 큰 돌들을 도열시킨 것이다.'라는 것이었다. 지금도 나는 그렇게 믿는다.

이 둘에 비하면 이곳 고창의 고인돌들은 어떤 형식에 구애받지 않고 그저 흩뿌려진 별처럼 개별적이고 자유롭다. 그 개별 돌들의 규모는 물론 카르낙의 그것을 연상시킬 정도로 큰 것도 있지만 스톤헨지나 카르낙의 돌무덤에 비하면 보다 자연적인 원시적 분위기를 풍기고 있었다.

▲ 고창 고인돌 공원에서 양승주 부부

네덜란드의 후네베드 역시 우리의 것보다 더 짜임새 있는 돌로 된 선도가 있고 뚜껑 돌(복개석)이 있는 왕릉 형 돌무덤이었다. 인도네시아 숨바 섬의 고인돌 들은 집처럼 큰 규모의 무덤이고 러시아 카프가스의 돌무덤은 큰 돌들을 쌓아올린 건축물 형태다. 형태로만 보아서는 어느 것이 먼저 존재했던 형인지 알 수가 없다. 복잡한데서 간편해진 것이라면 유럽형이나 인도네시아형이 우리보다 앞선 것 같고 단순한 것이 진보하여 다소 복잡한 형태를 갖추게 된 것이라면 고창이나 강화도의 고인돌 등이 선행된 형식으로 보아야 할 것이다. 『해안선에 남겨진 이름들』을 집필하며 찾아갔던 제주도 용담동 사

▲ 켈트족을 닮은 나주 불회사 입구의 석장승

대부고 운동장에 있던 고인돌 앞에서 나는 그 형태가 육지의 고인돌보다 동남아의 고인돌에 더 가까운 형식으로 이 형태가 선행되고 육지의 그것이 나중 것이 아닌가 생각을 해 본 적이 있다. 즉 이를 만든 그 주체가 서로 다른 사람들이었다고 생각했던 것이다.

간단한 것으로만 얘기한다면 일본의 고인돌이 가장 간단하고 단순하다. 시토 지석묘처럼 그저 크지 않은 돌덩이 하나 무덤 위에 올려놓은 형태이니까 말이다. 그러나 일본의 그것은 너무 작아 그저 작은 돌로 보일 정도이니 거석문화의 위용이 전혀 없어 거석문화에 속하는 존재인지조차 의문이 들 정도다. 홋카이도에 가면 작은 바위들로 이루어진 아이누족의 것으로 보이는 환상열석(環狀列石) 형태의 옛 무덤 유적이 있다. 시토 지석묘나 홋카이도의 환상열석들은 유럽이나 우리

▲ 카르낙의 선도가 있는 돌무덤

것에 비하면 마치 소꿉장난을 하는 것 같다는 생각이 들 정도로 그 규모가 작다. 간단하고 작다고 해서 일본이 고인돌의 고향이라고 얘기할 수는 없다. 우리의 해양계 사람들이 이주해갈 때에 같이 흘러간 무덤 형태인 것이 너무나 분명하기 때문이다. 단 아이누족의 환상열석과 관련하여서는 무어라 말하기 어렵다.

2,000년대 초 내가 현장에 갔을 때 받은 느낌은 카르낙의 돌무덤들이나 네덜란드의 후네베드 등은 사람들에 의해 많이 손상되어 그 진면목을 알기 어렵다는 것이었다. 그렇지만 학자들의 노력에 의해 그런대로 체계적인 조사가 이루어져 있어

어느 정도 그 옛 모습을 연상할 수는 있었는데 그 모습은 우리의 작은 왕릉 같았다. 후네베드의 경우 내가 찾아갔던 드렌데(Drenthe) 지방의 에름스린 (Erm Sleen) 마을 현장 표지석에는 '목회자 없는 교회'라고 표기되어 있는 등 일반인들에게는 고대의 무덤으로서 보다는 근대의 신교 예배지로 알려져 있어 현지 주민들도 그 진면목을 모르고 있었다.[93] 그렇지만 이는 그 규모가 비밀스런 종교 활동을 위해 사람들이 모여 예배를 드릴 정도로 컸다는 것을 의미하니 꽤 큰 무덤이었다는 것과 그런대로 오래도록 보존될 정도의 문화적 가치를 지녔던 존재로 주민들에 의해 인식되어 왔던 것이라고 생각된다. 실제로 나 역시 고인돌을 조사하기 위해 네덜란드에 갔던 것이 아니고 종교적인 성소를 답사하기 위해 갔었을 정도로 그것이 고인돌의 구조를 갖고 있다는 사실을 전혀 모르고 갔었다.

평양지역에서 기원전 3,000년에서 2,000년 간 시대의 것으로 보이는 대형 고인돌 무덤들이 대거 발견되고 있다. 로암리의 경우 3,222년 +- 507년 전의 소산으로 확인되는 대형 고인돌도 보고되고 있는데 이들은 뚜껑 돌 무게가 80톤, 95톤, 100톤 등에 이르는 대형 무덤들이다.[94]

93) 후네베드 관련은 김영수의 『에덴으로 가는 길』, 한들출판사 2008, 45쪽에서 51쪽 그리고 카르낙 관련은 같은 책 71쪽에서 74쪽 참조

▲ 카르낙의 돌무덤

▲ 카르낙의 환상형 돌 무덤

94) 단군학회, 단군과 고조선 연구, 500-501쪽, 지식산업사 2005

▲ 네덜란드 에름스린의 고인돌

▲ 에름스린의 환상형 돌무리 무덤

▲ 강화도 고려산 인근의 고인돌

이와는 별도로 몽고에서도 고인돌들이 그 수효는 적지만 발견되고 있어 해로 이외에 북방의 육로로도 이들 거석문화를 가진 민족이 대륙을 횡단, 이동하였음을 말해주고 있다.

이것뿐 아니라 대서양을 건너 아메리카의 뉴잉글랜드 지방인 뉴햄프셔 주 살렘(Salem)에서도 고인돌 유적 - America's Stonehenge - 이 발견되고 있으니 이들 거석문화의 주체들이 그야말로 지구적인 확산을 하게 된 것을 알 수 있다. 여러 해 전 내가 이 아메리카 고인돌의 현장에 갔을 때 그곳 박물관에 전시된 전시물에서 고인돌 최대의 유적지로 한국이 소개되고 지도상에 표기된 것을 보고 한없이 밀려오는 신비감에 이 연원을 밝혀야 하겠다는 책임감 같은 것이 가슴 속에 파도처럼 밀려오던 순간이 생각난다.[95]

그뿐 아니다. 버몬트 주의 우드스탁에서는 페니키아 문자가 각인된 커다란 선돌이 발견되고 마사추세츠 주에서도 거석지대가 연이어 발견된다. 거기에 더하여 코튼 메더(Cotton Mather)라는 학자에 의해 코네티컷 주에 할례를 행하는 아메리카 원주민족이 있었다는 사실이 발표된다.[96] 이들 사이에는 그들의 선조가 알 수 없는 고대에 배를 타고 바다를 건너왔다는 전설이 이어져왔다고 한다.

95) 김영수, 집 나간 황소를 찾아 뉴잉글랜드로 가다, 146-151쪽, 한들출판사, 2008
96) 김영수, 집 나간 황소를 찾아 뉴잉글랜드로 가다, 150쪽, 한들출판사, 2008

그2. 바다로부터 도전 받은 한국, 일본문화

아놀드 토인비는 그의 저서, 역사연구에서 말하기를 "동 아시아의 한국과 일본은 중국 문명의 개척자가 직면했던 도전과는 전혀 다른 '바다로부터의 도전'을 받았다"라고 했다.[97]

일본어를 연구한 언어학자에 의하면 일본어 중 규슈지역의 단어의 80%는 해양계인 오스트로네시아어로써- 인도네시아, 폴리네시아 계라는 것이다.[98] 같은 학자에 의하면 고대 고구려어는 일본의 고대어와 유사했고[99] 일본어와 한국어의 분리는 5,000년 전에 시작되었다 한다.[100].

우리의 고대사에는 예족과 맥족이라는 양대 종족이 나오는데 그 중 예족(濊族)은 河北의 진번인과 회이족(淮夷族)이 융합된 민족이었다고 한다. 이들은 황하와 그 지류인 탁수, 백하, 난하 그리고 장강과 회수의 물가, 동쪽 바닷가에 살며 농

---

97) Arnold Joseph Toynbee, 홍사중 옮김, 역사연구, 11쪽, 동서문화사, 2016
98) J. Diamond, 김진준 번역, 총 균 쇠, 654쪽, 문학사상사, 1998
99) J. Diamond, 김진준 번역, 총 균 쇠, 653쪽, 문학사상사, 1998
100) J. Diamond, 김진준 번역, 총 균 쇠, 633쪽, 문학사상사, 1998

사를 짓고 배를 부리는 사람들이었다고 하고[101] 맥족은 유목 생활을 하던 종족이라는 것이다.

발해만에 자리잡고 있으면서 배를 타고 바다와 강줄기를 따라 장사하는 사람들이었던 진번 해민들이 기원전 3세기에 대이동을 하게 되는데 이들이 우리의 서해안과 남해안 그리고 제주도 그리고 일본의 규슈지역과 중국의 남부 주산군도와 항주만, 지금의 광조우지역으로 광범위하게 확산한다. 규슈지역의 야요이문명은 바로 이들 진번 해민에 의해 발상되게 된 것이며 이 진번 계통 사람들을 선비족들이 倭人으로 부르게 되었다 한다.[102]

그런데 규원사화에 의하면 갑비고차(오늘날의 강화) 이남 주민들을 남이(南夷)라고 부르며 마치 혈연이 다른 민족처럼 기록하고 있고 진번 해민들이 이들의 풍속을 바꾸어놓았다고 하였으니[103] 진번 해민 남하 이전에도 강화이남지역에는 진번 해민과는 다른 사람들이 살고 있었던 것으로 보인다. 그들은 누구일까?

---

101) 고용희, 바다에서 본 탐라의 역사, 191쪽, 도서출판 각, 2006
102) 고용희, 바다에서 본 탐라의 역사, 25-6쪽, 도서출판 각, 2006
103) 단군학회, 단군과 고조선 연구, 495쪽, 지식산업사, 2005

23. 단지파의 수장, 단이 정말 단군일까?

이스라엘의 단지파는 해양세력

이집트를 탈출하여 가나안지역을 장악한 후 지파별로 주거지역을 분배할 시 이스라엘 지파들 중 단이라는 지파가 등장한다. 이 지파는 한동안 가나안지역에 머물다가 한 시점에 이스라엘의 역사에서 사라진다. 이스라엘 역사에서 사라진 이 지파가 바로 단군족이라는 설이 있다.

단지파가 이스라엘 역사에서 마지막으로 나타나는 지역은 헬몬산 부근의 텔 단지역이다. 원래 지중해 부근의 오늘날의 텔아비브 인근인 욥바에 정착하려던 단지파는 아모리족과의 갈등으로 북쪽 변경인 텔 단으로 그 정착지를 옮긴 것으로 알려져 있다. 그곳은 풍부한 물과 우거진 숲이 있던 살기 좋은 곳으로 신약시대, 헤롯왕에 의해 신 도시 가이사랴 빌립보가 세워진 곳이기도 하다.[104] 단족의 텔 단으로의 이동 시점이 기원전 1,220년이다.[105]

텔 단 지역은 기원전 10세기에 이르러 견고한 성벽 도시로 성장하는데 그러다가 기원전 8세기경에 이르러 아람왕의 공격을 받고 도시가 함락된다. 그 후 단족은 이스라엘 역사에서 사라진다.

성경의 기록에 따르면 단은 원래 야곱의 부인인 라헬의 여종 빌하와 야곱 사이에서 태어난 아들로 야곱의 전체 아들들 중 5번째라고 되어 있다.[106]

그러나 사실은 이들은 트로이를 공략했던 그리스 군의 한 지파인 다노이(Danoi)의 후손인 다누나(Danuna) 그룹이었다고 한다. 그리스 어로 'Danoi'라는 이름 중 oi는 '…에 속한다' 또는 '가족'이라는 뜻이니 Danoi는 결국 단족 또는 단지파라는 의미가 되고 결국 이 다누나 그룹은 단족인 것이다. 이 단족이 이스라엘 민족의 출애굽시기와 비슷한 시기에 가나안지역으로 흘러 들어왔다. 이들은 크레테로부터 온 '바다사람'들

104) 이요엘, 12지파 탐사여행, 170-172, in크리스토, 2018
105) Gary Greenberg, 101 Myths of the Bible, 172쪽, Sourcebooks Inc. 1943
106) 창세기, 30장 6절

중 일부로서 그들 문화의 뿌리는 그리스의 미케네인데 이스라엘 연합의 보호를 받기 위해 연합에 동참하게 된 것이라는 설이 있다.[107] 성경에 나오는 유명한 삼손이 바로 이 부족 출신으로 삼손이라는 뜻은 작은 태양이라는 것으로 이집트의 태양신 숭배사상의 잔재라는 것이다.[108] 그렇다면 유태의 유일신과는 근본이 다르다. 실제로 텔 단 지역에서는 금송아지 우상이나 바알 신을 숭배한 신전의 흔적이 발견되고 있다.

성경에 의하면 단지파는 이스라엘 연합체 가운데서 사사(Judge)의 역할을 하는데 어떻게 동족이면서 같은 종족의 심판자 역할을 하느냐 하는 의문에서 시작하여 그들이 객관성을 유지하며 심판자 역할을 수행할 수 있었던 것도 단족이 이스라엘의 한 지파가 아니었기 때문이라는 것이다.[109]

야곱의 아들로 알려진 단이 정말 우리의 단군일까? 야곱의 아들이 아니고 그리스의 단족이 그 시조라 하더라도 우리의 관심은 이들이 정말 단군으로 대표되는 우리의 선조 그룹일까

107) Gary Greenberg, 101 Myths of the Bible, 172쪽, Sourcebooks Inc. 1943
108) Gary Greenberg, 101 Myths of the Bible, 269쪽, Sourcebooks Inc. 1943
109) Gary Greenberg, 101 Myths of the Bible, 171쪽, Sourcebooks Inc. 1943

일 것이다.

단족이 바다사람들이었다는 사실에 입각해서 볼 때에 이들이 우리의 선조가 될 수 있었다면 고조선을 이룩한 이들은 바다사람들이었음이 분명하다고 할 것이다.

'단'이라는 이름의 소유자들

단군의 군은 임금이라는 뜻이니 그의 이름이 단이었다는 것은 분명한 듯하다. 그런데 주나라를 세운 周公의 이름 역시 단이었고 그를 또 환공으로도 불렀다 한다.110) 단군은 환인의 자손이니 환공이라 할 수 있어 주공과의 관계가 흥미롭다. 같은 형제나 친족이었을 가능성도 있다. 주나라는 원래 동이족이 세운 나라였다고 한다. 주나라가 언제 성립이 되었는지는 불분명하고 사마천에 의하면 기원 전 841년 이전의 주의 역사는 불분명하여 부정당하고 있지만 대략적으로 기원전 1,000년경으로 인식되고 있다.

110) 李學勤, 이유표 번역, 의고시대를 걸어 나오며(走出疑古時代), 609쪽. 그러나 주공의 이름이 '희'였다는 설도 있어 주공의 이름은 분명치 않다.

연대로 비교해본 단족과 단군족

단군이 아사달에서 나라를 세운 때가 기원전 2,333년이라 한다. 최근에는 북한 학자들에 의해 기원전 4,000년으로까지 그 시기가 소급되고 있다. 기원전 2,333년이라는 시기는 중국의 요임금이 등극한 시기이고 실제 단군의 건국 시점은 더 오래 되었다는 것이다. 북한 학자들이 주장하는 바에 따르면 평양 일대에 6,000년 전으로 소급될 수 있는 성곽 등을 갖춘 주거 시설과 이에 준하는 대형 고인돌무덤과 단군능을 비롯한 매장물들이 발굴되고 있어 단군이 건국했다는 아사달이 분명하다는 것이다. 그러나 그들의 주장을 잘 읽어 보면 단군이라는 증명은 없고 상당한 수준의 방호체계를 갖춘 성읍 정도가 있었으며 거기에 수장이 있었다는 것으로 이해가 된다. 그러나 고조선을 BC 30C초부터 1,500년 간 지속된 국가로 보고, 후 조선을 BC 1,500년에 시작하여 위만 조선이 시작된 BC 194년까지로 보는 주장에는 수긍이 가는 면이 있다. 실제로 평양지역에서 발견되는 고인돌의 뚜껑 판석에 표기된 고대의 별

자리를 연구한 학자들은 이 별자리가 지금으로부터 약 4,800년 전의 하늘이라는 것을 밝혀냈다.[111]

이스라엘 민중이 이집트에서 탈출한 시기는 기원전 1,450년이라는 설과 기원전 1,250년이라는 양대 설이 존재하지만 그 어느 것도 단군의 건국 시기와 맞지 아니하다. 기원전 8세기에 이스라엘에서 텔 단에서 사라진 단족이 어떻게 우리의 단군이 될 수 있을까? 혹시 이스라엘 민족이 이집트로 들어가기 전에 그리스의 단족의 일부가 동방으로 온 것이 아닐까?

이스라엘 민족이 이집트에서 보낸 기간은 몇 년일까? 400년이라는 설도 있고 30년이라는 설도 있다. 400년이라는 설은 아브라함이 가뭄을 피해 이집트로 들어간 사실을 4세대가 지난 후 요셉이 이집트로 팔려간 사실과 혼동하여 성경 기록자가 두 사실을 하나로 묶어 생긴 일이라고 한다.[112] 400년 간이라고 하더라도 기원전 1,850년부터 1,450년간이거나 1,650년부터 1,250년간일 터이니 이 또한 단군의 연대와 맞지 아니하다. 30년 설을 취할 경우에는 더욱 시기가 맞지 않는다.

단족이 이스라엘 12지파로 편입된 연유가 가나안 지방으로

111) 단군학회, 단군과 고조선 연구 565쪽, 지식산업사, 2005
112) Gary Greenberg, 101 Myths of the Bible, 197-8쪽, Sourcebooks Inc. 1943

들어간 그리스 단족 후손들의 집단적 안녕이라는 정치적 이유에서 된 것이라면 단족이 지중해연안의 다른 지역, 예를 들면 아나톨리아 등에서 가나안지방으로 들어가던 시기 또는 그 보다 이전에 동방으로 와 우리의 선조가 된 단족의 분파가 또 있었던 것은 아닐까?

단족은 원래가 바다사람들이다. 즉 해양계 민족인 것이다. 길가메쉬의 영웅적 행위의 대상이 된 이 해양계 민족은 어디엔가 북쪽에서 이란 고원을 넘어 메소포타미아 남부로 이주해 온 사람들이라고 했다. 이들은 북쪽 어디에서 왔을까? 이뿐 아니다. 시초의 해양 문명으로 알려진 크레테의 미노아 문명은 바로 북쪽에서 배를 타고 대거 이주해 온 일군의 사람들에 의해 이룩된 것인데 그 시점은 기원전 6,000년경부터 시작된다. 이들은 오늘날의 터키 북부 아나톨리아지역으로부터 온 것으로 알려져 왔으며 수천 년에 걸쳐 여러 차례 나누어 대규모로 이주해 크레테로 들어왔다. 당시 민족의 대이동은 오늘날의 마케도니아 헝가리 루마니아지역으로도 이루어졌고 바빌로니아지역에도 들어가 뿌리를 내리게 된다.

그 시기는 확실치 않지만 고대에 카프가스(Kavkas)에 정착한 유태인 공동체가 있었다.[113]

카프가스는 우리에게 코카서스(Caucasus)로 알려진 산악 고원지대로서 흑해와 카스피해 사이에 위치하고 있어 예로부터 이곳 주민들은 수상생활에 자주 노출되었을 것으로 짐작된다. 노아의 방주가 도착하였다는 아라랏산(山, 고고학적 증거는 찾지 못하고 있음)을 비롯하여 유럽 최고봉 엘부르즈산(山, 5,642m)과 수많은 4,000m이상의 눈 덮인 봉우리들을 포함하고 있는 이 코카서스에는 빙하지대와 고위도의 수림지대, 저위도의 거대한 초원지대가 병존하고 풍부한 수원도 있어 고대로부터 유목과 농경이 시행되던 지역이다. 그 남부는 터키의 아나톨리아에 접하고 북서쪽 흑해 연안에는 동계 올림픽이 열렸던 러시아의 소치가 있다. 기후 역시도 아열대로부터 온대, 한대 또 사막 기후마저 있어 다양한 식생이 자라고 있는 지역이다.

이곳 초원지대는 인도 유럽족이 기원전 2,000년경에 동서(東西)로 확산한 시발점이 되는 지역이기도 하다. 동으로 간 무리는 기원전 16세기경에 이르러 인도로 침입해 들어갔고 서쪽으로 간 무리는 이란, 아르메니아, 아제르바이젠 등지로 들어갔다.114) 이들은 청동기시대로 진입한 신석기 도자기의

113) Peter Frankopan, 이재황 역, The Silk Road, 195쪽, 도서출판 책과 함께, 2015
114) 조루주뒤메질, 김현자 역, 인도 유럽신화의 비교연구, 270쪽, 민음사, 2018

제작자들이었고 목축생활에 익숙하여 양(羊)이 주요한 재산이었던 유라시아 초원지대의 목축인들이었다.115)

이들은 수상생활의 경험을 갖고 있는 바다사람들로 여겨지는데 이를 입증하듯 기원전 15세기부터 편찬된 것으로 믿어지는 인도의 '베다' 중 바츠 여신을 찬양하는 시에는 다음과 같이 쓰여 있다.

"나는 세계의 꼭대기에 아버지를 낳았으니 나의 집은 물속, 대양 속에 있다."116)

그런데 이상 한 것은 기원 전 3세기경에 쓰여진 것으로 믿어지는 서사시 '마하바라타'의 기록이다. 이 기록에 등장하는 샨타나 왕의 첫 번째 부인은 강의 신이었고 두 번째 부인은 어부의 딸이었다.117) 이는 주도세력이 토착인인 수상족들과 다시 결합하는 모습인 것이다. 즉 외부의 세력인 해양세력, 인도 유럽족이 들어오기 전부터 인도에는 토착의 수상세력이 있었다는 것을 이야기하고 있는 점이다.

---

115) T.G.E. Powell, The Celts, 31-32쪽, Thames & Hudson Ltd. London, 2,000
116) 조르주 뒤메질, 김현자 옮김, 인도유럽 신화의 비교 연구, 111-113쪽, 민음사, 2018
117) 조르주 뒤메질, 김현자 옮김, 인도유럽 신화의 비교 연구, 284쪽, 민음사, 2018

우랄알타이산맥과 천산산맥 중간 지점인 준가르분지에 발하시호수가 있는데 이 지역이 환단고기에서 지적한 환국의 발원지이다. 우랄알타이지역은 코카서스에 인접한 지역이다. 따라서 코카서스에서 출발한 세력이 동서로 이동하면서 우랄알타이지역으로도 들어갈 수 있었을 것으로 짐작은 되나 이들 관계에 대한 증명은 없다. 그 반대의 추정도 가능하리라 본다.

삼국유사에는 환웅천왕이 태백산 신단수 밑에서 나라를 열었다고 기록하고 있고 태백산이 곧 삼위태백이라고 이야기하고 있지만 삼위태백은 현실적으로는 오늘날의 돈황 부근에 있는 높은 산이다. 이 사실이 환웅 일행이 천산산맥을 거쳐 이동해 온 세력임을 알게 한다. 혹시 성경 상의 단족이 거주했다는 헬몬산이 삼위태백이 아닐까도 생각해 보았지만 연대 관계로 보아 헬몬과 삼위태백은 연결이 되지 않는다.

환웅천왕은 사람으로 변한 곰과 결합하지만 그의 후손으로 믿어지는 해모수는 강의 주재자인 하백의 딸과 결합한다. 이처럼 인도에서도 우리의 경우에서도 외래의 세력이 토착 수상족들과 결합하는 이 모습을 어떻게 해석해야 할까? 코카서스 또는 우랄알타이지역에서 출발한 일군의 외래인들이 들어오기 전에 인도에서도 우리 땅에서도 원주의 수상생활에 익숙한 사람들이 살고 있었다는 사실은 이로서 분명한 듯 보인다. 그렇다면 인도의 샨타나왕과 해모수는 둘 다 해양계로 본래의 동향 사람을 만난 것일까? 우리 땅에 살고 있던 해양족들은 언제 어디서 이 땅으로 온 사람들일까? 구석기문화가 끝나며 한동안 이 땅에는 사람들이 살지 않았다고 학자들은 이야기하고 있다. 다만 예외가 제주도 한경면의 유적에서 입증되듯이 중석기문화를 거쳐 신석기문화로 이전되는 전 과정에 사람들이 살고 있었음을 알게 해주는 해안지대 유적들이 일부 있다. 그들은 분명 해양 생활에 익숙한 사람들이었을 것이다.

코카서스에서 동서로 확산한 사람들은 또 어디에서 온 사람들일까? 10,000년 전 대홍수 시절에 인도 남부에서 북으로 북으로 이주한 세력이 있었다. 이들은 대홍수로 터전을 잃은 사람들이며 홍수의 위력에 놀라 고지대를 찾아 북으로 피난한 사람들이었다. 실제로 인도 남부에 있던 레므리아대륙이 어느 날 바다 밑으로 사라졌다. 현재는 거대한 대륙붕의 형태로 남아있다고 한다. 1,974년 파키스탄의 메르가르지역에 약 8,000년 전의 것으로 보이는 관개의 흔적이 있는 대규모 도시유적지가 발굴되었다. 이곳에 거주했던 사람들이 어느 날 이곳을 버리고 사라졌는데 이들은 아마도 인도 남부에서 북으로 온 사람들에 의해 건설되고 인더스 사라와티문명을 일으킨 세력에 의해 다시 밀려난 것으로 보인다. 이들이 어느 곳으로 갔을까? 동으로도 서로도 갔을 것이다. 동으로 간 세력은 중국 남부와 동남아로 갔고 서로 간 세력은 바로 코카서스지역으로 간 것이 아닐까?

중국 남부와 동남아로 진출한 세력들은 바다를 통해 계속 동진하여 한반도와 일본까지 오지 않았을까? 단군 세력이 북방으로부터 한반도로 들어오기 전에 분명 이 땅에는 사람들이 살고 있었다. 인도 구자라트 주를 탐방했던 한글 학자들이 거리에서 발견한 한글 자모음의 간판들과 그 후 이어지는 산스크리트 학자와의 대화 등을 기록한 1996년 3월 8일 자 중앙일보의 '한국문화 닮은 문화, 아세아 10만리 19'의 기사 그리고 이에 근거하여 역사를 탐구해 내려간 정연규 교수의 '수메르, 이스라엘 문화를 탄생시킨 한민족'과 당시 탐사에 참가하였던 김병호 박사의 "우리의 잃어버린 역사를 찾아서'를 읽으면 해양 속으로 사라진 대륙에 뿌리를 둔 인류의 대이동과 그 한줄기로서의 잊혀진 우리의 과거 흔적들을 발견하게 된다.

이스라엘 민족과 환인 - 환웅족

이상한 것은 우리의 고대사 기록에 나오는 환인 12국과 이스라엘 12지파의 관계다. 환인의 12국은 그 위치가 확인되고 있지는 못하지만 이름은 卑離, 養雲, 寇幕汗, 勾茶川, 一群, 虞婁, 客賢汗, 勾牟額, 賣勾餘, 斯納阿, 鮮裨, 須密爾 등으로 알려져 있다. 이 중 須密爾를 Sumer로 해석하는 설도 있다.

단족과 단군의 관계를 이야기한다면 당연히 이 환인 12국과 이스라엘 12지파와의 관계도 의문을 가져봐야 하는 것 아닌가 한다. 또 환웅 5세 太虞儀에게 12자녀가 있었다는 기록과 그 12 자녀 중 막내가 태호 복희라는 기록[118] 역시도 이 이스라엘 12지파와 관련하여 연구할 가치가 있다고 생각한다.

혹시 이스라엘 민족이 환인족이었던 것은 아닐까? 하늘이라는 유일신을 믿는 것이며 어느 곳인가로부터 와서 오늘날의 이스라엘지역으로 흘러들어간 것이며 바다 생활에 익숙해있던 민족이라는 점 등을 고려할 때에 더욱 우리 땅에서 시작된 민

118) 정연규, 수메르 이스라엘 문화를 탄생시킨 한민족, 59쪽, 한국문화사, 2004

족의 서방으로의 대 이동, 그리고 일부 지파의 원 고향으로의 귀향 등 사라진 역사의 일대 서사시가 그려진다.

만일 고대에 코카서스 지방에 있던 동서로 흩어진 집단이 한 쪽은 바빌로니아지방으로 들어가 수메르의 일부가 되었다가 후에 이스라엘지역으로 들어가 유태인이 되고 다른 한 편은 동방으로 이동하여 환웅족이 되었다면 그들 상호간에 공유해야 할 사건이나 사상이 있는 것은 당연하다할 것이다. 중앙아시아의 홍수 전설과 노아의 전설이 그 상세부분이 비슷하고 알타이의 왕 탄생설화와 예수 탄생설화가 유사하며 여자가 남자의 갈빗대에서 나왔다는 성경의 기록과 알타이의 천지 창조설화가 같은 점 등이 고대에 유태인 집단이 코카서스지역에 있었다는 얘기와 관련하여 한층 더 우리의 관심을 끈다.

그4. 하타(Hata, 秦)씨와 궁월군(弓月君)

일본에서 하타 씨족으로 알려진 秦씨족은 고대 일본의 건국에 커다란 기여를 한 씨족의 무리다. 이 하타 씨족이 한반도를 거쳐 일본으로 흘러간 유태계로 알려져 있다. 하타라는 이름은 닌도쿠 천왕이 하사한 이름으로 우리의 바다에서 연유된 것으로 연구되어 있지만[119] 이 하타라는 용어가 히브리어로 저주 받은 자, 또는 버림받은 자 또는 잊혀진 자를 의미한다고도 한다.

원래 이들은 진구왕후의 남편 주아이(仲哀) 천왕 8년에 도해한 것으로 보여지는데,[120] 여러 현에 나누어 살며 누에를 치고 비단을 짜서 조공하였다고 전한다.[121] 이뿐 아니라 이들은 농사용 댐을 건설하기도 하는 등, 역할을 하며 규슈지역에 농업 혁명을 이룬다. 그 결과 이들은 일본에서 벼농사의 신이

---

119) 진은숙, 하타씨 연구, 22쪽, 단국대학교 학위 논문, 2016
120) 진은숙, 하타씨 연구, 14쪽
121) 진은숙, 하타씨 연구, 19-20쪽

되어 현재도 신사에서 배향되고 있다. 동시에 이들은 철기문화의 소유자들로도 이해되고 있다.

그런데 이들이 고구려의 경교에서 유래된 유태계 사람들이고[122] 동시에 법흥왕 11년 (AD524년) 오늘날 울진지역인 고대명 파단(波旦)에서 일어난 소요사태의 장본인이며 이 사태의 마무리 기록인 봉평비에 등장하는 장본인들이라는 설이 있다. 이들이 일본으로 건너갔다는 것이다. 하타 씨족의 지도자로 일본 조정에 협력한 자의 이름을 하타노가와가츠(秦河勝)라고 일본 측은 기록하고 있다.[123] 이 주장에 의하면 '하타'는 '파단'에서 연유되었다는 것이다. 그런데 이 설은 진구왕후가 역사에 등장하는 시기인 3-4세기와 연대가 맞지 않는 문제가 있다. 이 설이 설득력을 가지려면 봉평 사건(거볼모라) 이전에도 규슈지역으로 건너간 이들의 선조가 있었고 이들이 추후 그 선조의 선례에 따라 일본으로 건너갔다는 구조가 되어야 한다. 어찌되었든 이들은 한반도를 거쳐 일본으로 간 사람들임은 분명하다고 할 것이다. 大和岩雄이라는 일본인 학자는 그의 책 秦氏の硏究에서 이 하타 씨의 고향이 가야이며 김

122) 진은숙, 하타씨 연구, 22쪽

123) 진은숙, 하타씨 연구, 26쪽 / 박태순, 나의 국토 나의 산하, 3권 184-186쪽, 한길사, 2008

해 세력이 이들의 중심세력이었다고 이야기하고 있다.

우리 남쪽 해안 지대에 고대에 궁월군이라는 불리었으며 월지국의 수장이기도 했고 辰국의 왕이기도 했던 支씨 세력이 있었다. 궁월군은 독립국가의 수장이기는 했으나 마한의 왕에게 조정되어 자립하지 못했다고 한다. 이 궁월족은 원래 서역의 이시스쿨에서 남쪽 호탄에 이르는 사막지역에서 활약하던 돌궐의 무리로 秦나라 세력이기도 했는데 이들이 한반도를 거쳐 일본으로 건너가며 120 현민을 대동하고 건너갔다는 것이다.[124] 이들 진왕 세력이 하타 씨족이라는 것이다. 이들은 멀고 먼 서역에서 까마득한 옛날 남겨진 선조들의 발자취를 따라온 사람들이었다. 그 선조가 수천 년 전 코카서스지역에서 동쪽으로 발길을 돌린 이스라엘 민족의 일지파였다는 말인가? 단족이 동방으로 온 것은 분명한 사실인 것 같다. 그 시기는 알 수 없지만.

---

124) 고용희, 바다에서 본 탐라의 역사 138쪽

4부
해양세력의 시작은 우리나라에서

21. 승리산 유골과 흥수아이 그리고 수메르인과 에투루리아인

평양에서 동쪽으로 40km 지점인 만달산 중턱의 고대 동굴에서 1979년 10월 구석기시대의 타제 석기와 함께 고대인의 유골이 발견된다. 그 유골은 1만 년 전의 구석기시대 말기의 유골로 밝혀졌는데 놀랍게도 고대 서구인을 닮은 장두형 인골이었다. 그뿐 아니라 충청북도 제천시 교외에서 이흥수 씨에 의해 발견되어 흥수아이로 명명된 고대인의 유골 역시도 장두형이었고 당시 같이 발견된 유물에는 서양의 구석기문화 유물(아슈리앙 전통의 부스테리앙 형식)인 주먹도끼까지 있었다. 흥수아이 유골은 세월을 한참 더 거슬러 올라가 약 4만 년 전의 인골로 발표되었다.

기이한 것은 여기에서 그치지 않는다. 서양 고대 문명의 창시자라는 수메르 사람들은 검은 머리에 우리의 씨름과 닮은 운동을 알고 기록에도 남겼을 뿐 아니라, 사용하던 글도 우리

▲ 수메르인들의 씨름하는 모습

와 같이 토씨가 있는 교착어였다는 사실이다. 그리고 로마가 건립되기 전 이탈리아지역에 자리 잡고 있던 민족, 에투루리아인(人)은 검은 머리에 신라의 황금공예를 연상시키는 놀라운 금속공예기술을 가지고 있던 민족이었다는 사실은 그들이 스키타이와 관련된 동양 계통이라는 것을 보여주고 있다.

오래 전 로마의 북쪽 외곽에 자리 잡은 에투루리안박물관을 찾아갔을 때 우리 고대의 거대한 봉분을 닮은 그들의 묘제와 그 속에서 발굴된 정교한 황금유물들을 보며 놀라움에 하루 종일 그 박물관을 떠나지 못하고 보고 또 보고 하던 기억이 아직도 생생하다.

그2. 고인돌과 과하마

신석기와 청동기시대 초기의 묘제라고 믿어지며 유럽과 아시아 그리고 아메리카에 걸쳐 광범위하게 발견되는 고인돌 역시 그 최대의 집합지가 우리나라라고 하는 사실은 역시도 예사롭지 않다. 고인돌이 집단으로 발견된 아메리카 북동부지역의 원주민들의 혈청을 조사한 결과 그들이 우리와 인종족으로 가까운 종족이라는 보고[125]도 있는 것을 보면 고인돌의 고향이 우리라는 생각이 든다. 이 고인돌을 유적으로 남긴 아메리카 원주민은 약 4,000년 전 이베리아반도 북부 두 류오(Du Ruo)강변에 살던 켈트족으로 연구되어 있고 같은 곳에서 페니키아아인들의 선형 문자도 발견되었다.[126]. 그렇다면 유럽에 널리 분포되었던 켈트족 그리고 페니키아인들과 우리와도 가까운 관계가 성립되어야 한다.

125) 김병호, 우리의 잃어버린 역사를 찾아서, 255쪽에 의하면 우리의 HLA-B-59인자가 일본, 위그루, 인도 서북부 스라스트란 반도, 태국북부 라후족, 미동북부 백인 혼혈족들 사이에서 발견된다는 것이다.

126) 김영수, 집나간 황소를 찾아 뉴 잉글랜드로 가다, 147쪽, 한들출판사, 2008

종래 고인돌의 연원을 둘러싸고 그 추정 연대로 인해 유럽 기원설이 정설처럼 여겨져 왔으나 최근 우리나라에서 연이어 발견되는 유럽처럼 오래된 고인돌 유적들 때문에 고인돌의 기원에 대해 근본적 의문이 제기되게 되었다.

황해남도 은천군 남산리 1호 고분 고인돌에 새겨진 별자리는 기원전 2,000년 후반기의 5월 15일 초저녁과 새벽 사이 하늘의 별자리였고 평양시 강동군 삼등리 지석골과 상원군 번동리에서 발견된 고인돌의 별자리는 남산리 고인돌 보다 더 옛날로 올라가는 기원 전 2,800년의 별자리로 밝혀졌다. 고인돌 자체의 축조 연대도 4,800년 전에서 4,000년 전으로 연구되어있다.[127]

지금까지 알려진 고인돌 유적 중 오래된 순으로 열거하면 프랑스 북서부 카르낙 지방의 선형열석과 돌무덤 등 거석 유적이 7,000년 전에서 5,000년 전으로 알려졌고 네덜란드인들이 후네베드라고 부르는 돌무덤은 5,300년 전에서 5,800년 전의 유적으로 그리고 영국의 스톤헨지 유적은 5,000년 전에서 3,520년 전 사이의 건축물이라고 알려져 있었다.[128]

---

127) 단군학회, 단군과 고조선 연구, 565쪽, 지식사업사, 2005
128) 김영수, 에덴으로 가는 길, 45쪽에서 51쪽, 네덜란드 드렌데(Drenthe) 지방의 후

▲ 아메리카 스톤헨지- 2

특히 이들 거석의 무리는 지중해지역에서 출발한 바다사람들(해양세력)의 유적으로 알려져 있어 이로 인해 고인돌의 연원이 유럽의 바다사람들이라고 생각되어 왔었다. 그러나 평양시에서 발견된 고인돌의 축조 연대가 5,000년 전을 상회하고 또 아직은 발견하지 못하였으나 그 이전으로도 소급될 수도 있고 유럽 거석물들의 추정 연대가 그 진폭이 너무 커서 신빙성이 떨어진다는 사실 등을 종합해볼 때 우리 땅에서 계속 발굴되고 있는 고인돌 무덤들은 고대 인류 문명의 발상에 대한

네베드(Hune bed)에 관한 상세한 기록 그리고 같은 책 71쪽에서 73쪽에 설시된 프랑스의 카르낙 유적과 관련된 탐사 기록

그간의 생각을 근본적으로 다시 하게 만드는 면이 있다. 도대체 고대에 무슨 일이 있었기에 유럽형인 장두(長頭) 인골이 우리나라에서 발견되고 인류 문명의 발상지로 알려진 수메르의 주민들이 동양인 그것도 우리의 모습과 습관을 닮았으며 고인돌들은 또 왜 우리나라에 많이 몰려있어 마치 우리에게서 시작된 묘제로 보이게 하는가?

로마인들이 들어오기 전 이탈리아지역에 살고 있던 동양 형인들은 어디에서 이주해온 사람들일까? 켈트족이 유럽의 중심부로 이주해 들어가기 전인 기원전 2,000년 대 유럽의 중심부에 자리 잡고 있던 거주인들의 묘제는 고인돌이었으며 인류 역사에서 가장 오래된 제국으로 알려진 하이타이트(Hitite) 인들은 우리가 과하마라 불렀고 가야인들이 타고 다녔던 유라시아 풍의 조랑말을 군마로 이용하였다고 한다.[129] 이 과하마는 인도 북서부에서도 '가라'라고 부르며 많은 사람들에 의해 오늘날도 교통수단으로 이용되는 짐승인데 우리 고대의 가야를 '가라'로도 표기하였던 것 역시 이 가라라고 불리던 조랑말, 과하마와 관련이 있는 것으로 보인다. 허황후의 고향으로 알려진 인도의 아요디야에는 '가락푸르'라고 하는 도시가 있는데

129). T.G.E. Powell, The Celts 28쪽, Thames & Hudson Inc. NY, 2000

그 의미가 '말의 도시'라고 하며 우르와 수메르가 있던 소 아시아에서도 말을 '가라'라고 불렀다 한다.[130]

종래에는 허 황후가 가야까지 온 것을 두고 가야인들이 고향에서 신붓감을 모셔온 것으로 인식해왔으나 이쯤 되면 그 반대의 경우도 예상해볼 수 있게 된다. 즉, 허 황후가 오히려 원 고향의 친족을 찾아 혼인하기 위해 바다를 건너온 것이 될 수도 있는 것이다.

---

130) 김병호, 우리의 잃어버린 역사를 찾아서, 74쪽, 하서출판사, 2003

그3. 뒤바뀐 동 · 서양인

우리 땅에서 발견되는 구석기인들의 모습이 서양인 모습이고 고대에 유럽지역에 살던 연원을 모르는 사람들이 동양인의 모습이었다면 그 사태를 그냥 받아들여 그들이 각각의 지역에 원주민이었다고 이야기할 수는 없을까?

인류 역사를 보면 인류는 끊임없이 이동했다. 아프리카에서 나와 전 세계로 퍼지는가 하면 빙하기를 맞아 또다시 원 고향인 아프리카로 돌아간 흔적도 있다.[131]

현생 인류와는 다르다고는 하지만 35,000년 전에 출현하여 28,000년 전에 소멸되었다고 알려진 주로 중부 유럽에 살았던 네안델탈 인들이 빙하기를 맞아 중동 아시아지역으로 내려오고[132] 동남아에 살던 현생인류가 까마득한 옛날 6만년 전에 대양주로 그 일부가 이주해 갔으며 15,000년 전에는 북동

131) John H. Rolethford 이경식 옮김, 유전자 인류학, 137쪽, Human & Books, 2003
132) John H. Rolethford 이경식 옮김, 유전자 인류학, 137쪽, Human & Books, 2003

아시아인들이 아메리카 대륙으로 흘러 들어갔다.133) 9,000년 전에는 농경의 혁명으로 중동 아시아인들이 유럽으로 확산되어 들어가는 등 역사 속에서 인류는 끊임없이 이동하였다.134)

단, 대양주로의 인류의 이동시기는 4만 년 전 또는 1만 1천년 전이라는 설이 각기 존재한다.135)

비슷한 시기, 약 10,000년 전에 인도남부지역에서 대홍수로 커다란 대륙이 함몰되는 사건이 발생하고 이곳에 살던 주민들이 대거 탈출하여 북으로 북으로 이동한다. 홍수가 없는 고원지대로 고원 지대로 탈출한 기록이 인도의 홍수신화에 남아있다. 이들이 파키스탄지역을 거쳐 코카서스지방으로까지 올라갔다고 한다. 그러던 이들이 다시금 내려와 메소포타미아지방으로 또 그리고 크레테섬으로 내려오더니 다시금 이들은 유럽대륙을 거쳐 전 세계로 흩어진다.

『천부경과 단군신화』를 쓴 김동춘 씨에 의하면 같은 시기 유럽에 널리 퍼져있던 크로마뇽인들은 아시아에서 온 신석기인들의 침입으로 혼혈을 이루고 그 자취가 사라졌다고 하고

133) John H. Rolethford 이경식 옮김, 유전자 인류학, 176쪽, Human & Books, 2003
134) John H. Rolethford 이경식 옮김, 유전자 인류학, 245쪽, Human & Books, 2003
135) 김병호, 우리의 잃어버린 역사를 찾아서, 252쪽, 255쪽, 하서출판사, 2003

알타이산맥과 바이칼호수 주변에 주로 살던 사람들이 기온의 변화로 당시는 평원이던 현재의 고비사막지대로 내려왔다고 한다.

인도남부에는 바다로 사라진 대륙이 있다고 한다. 그 이름이 '무'대륙이라는 설도 있고 '레므리아'라는 설도 있다.[136] 필자의 저서 『내가 본 네모진 하늘』을 보면 무 대륙에서 바다를 건너 하와이의 카우아이 섬으로 들어간 옛사람들의 이야기가 있다. 이 무대륙과 레므리아가 혹시 서로 다른 사라진 대륙이 아니었을까? 그중 하나가 우리의 서남해의 바다에 함몰된 대륙붕지역이었을 가능성은 없는 것인가? 분명히 구석기문화 말경 우리의 서남해 중국으로 이어지던 광활한 지역이 바다 속으로 수몰되었다. 김동춘 씨의 책 『천부경과 단군신화』 268쪽을 보면 인도의 사원에서 발견된 나가족의 표상으로 보이는 나아칼의 비문에 새겨진 녹도문자가 어머니의 나라 무에서 쓰여져 버마를 거쳐 인도로 왔다고 기술하고 있다. 이를 보면 무대륙은 분명 인도남부가 아닌 버마의 동쪽에 위치하고 있었던 대륙임이 분명하다.

인도의 리그베다에 실린 설화에는 인류의 아버지 마누가 비

136) 김영수, 내가 본 네모진 하늘, 95쪽, 한들출판사, 2006

슈뉴 신의 가르침에 따라 배를 만들어 각종 식물의 종자와 현자 7인을 싣고 홍수 속에 살아남아 히말라야 산정으로 옮겨간 이야기가 있다. 말레체렌이라는 인도 남부지역의 왕이 지나치게 화려하게 도시를 만들어 하늘에 불경죄를 지었는데 이를 그냥 놓아둘 수 없어 바다 속으로 수몰시킨 신들의 이야기도 있다. 이와 비슷하게 우리의 제주도에는 홍수에서 살아남은 설문대할망의 이야기가 전해지고 있고 실제로 구석기시대에서 중석기 신석기로 이어지는 일련의 유물들이 발견되고 있다. 고래로 영주라고 부르며 신선이 사는 지역으로 사람들이 동경해온 제주도는 분명 대홍수에서 살아남은 인류가 있었다는 것 이상의 무엇이 있다.

이처럼 고대 서구인들의 이동은 남에서 북으로 동에서 서로 그리고 북에서 남으로도 이루어지는 등 다양한 방향으로 이동이 이루어졌는데 이상하게도 북동 아시아의 경우에는 서쪽으로 간 기록이 로마시대 말기 흉노족의 서진과 후대에 이르러 몽고족의 유럽 침략 이외에는 그 예가 기록되어 있지 않다. 그러나 실상은 그렇지 않을 것이다.

10,000년 전 대 홍수의 시기에 우리 지역에도 해수면의 상

승으로 많은 지역이 물에 잠겼다. 이에 놀라고 당황한 선주민들은 남부여대 홍수를 피해 높은 지역으로 이주해갔을 것이다. 남아있던 사람들은 제주도지역 사람들이 유일한 듯하다. 그래서 공식적으로는 대홍수 이후 이 땅에는 한동안 거주민이 없었다고 학자들은 이야기한다. 그들은 어디로 갔을까? 배를 타고 또는 육로로 먼 길을 떠났을 것이다. 홍수로부터 안전한 높은 지대를 찾아 중국의 운남(雲南) 지방을 지나 인도 파키스탄지역을 경유하여 코카서스지역으로 가지 않았을까? 고인돌이 많은 인도 북서부의 학자들이 인도가 자신들의 고향이라고 이야기하는 한국학자들 앞에서 인도북서부인들의 연원이 한국이라고 이야기했다는 기록을 보면 고인돌의 한국기원설이 나름대로 근거가 있는 것 같다.

세월이 한참 지난 후 이와는 반대로 고향이었던 우리 지역을 떠나 중동 아시아와 유럽에 살던 사람들이 동쪽으로 동쪽으로 옛 고향의 기억을 더듬으며 다시금 이주해왔을 가능성은 없는 것일까? 충분히 있다고 본다. 때론 배를 타고 바다를 통해 또 다른 경우는 육로를 통해 한반도와 극동아시아지역으로 회귀하였을 것이다. 그래서 오늘날의 우리의 모습이 생겨난 것 아닐까? 제주도 하르방의 얼굴을 보면 중동사람들을 연상케 하는 요소가 있다. 대양을 바라보는 듯한 커다란 눈망울과 주먹 같은 코는 켈트족의 석상 모습이기도 하다. 고구려의 고분에서 발견된 채색 벽화에 그려진 고구려인들의 모습도 눈과 코가 크고 장대한 모습이며 인류학적으로 본 한국인은 고두(高頭)이며 이에 반해 몽고인은 저두(低頭)로서 인종이 다르다고 한다.137) 이로 미루어보면 고구려 때만 해도 서구적 모습이 우리에게 많이 남아있었던 듯하다. 그 후 세월이 흐르면서 새로운 인종들의 유입이 늘고 환경에 적응하며 얼굴 모습이 점차 오늘날의 모습으로 변해온 것이 아닐까 생각한다.

▲ 켈트족의 두상

인류학자들이 한국인의 미토콘드리아 DNA를 조사했더니 그 결과 서로 가까운 인종들이 일본인과 중국 북동부 그리고 중국 운남성 사람들과 태국인, 인도인

137) 김병호, 우리의 잃어버린 역사를 찾아서, 244쪽 246쪽 249쪽, 하서출판사, 2003

이었다고 한다.138) 중국 북동부야 오랫동안 우리 민족이 살던 곳이니 당연한 듯하고 운남성과 태국인 그리고 인도인과 우리의 DNA가 근접한 것은 인도와 태국 그리고 운남지역을 통해 오고 간 같은 세력의 존재를 증명하는 것이라 하겠다. 중국 주구점의 고대인 인골은 크로마뇽인과 말레이인, 그리고 에스키모와 아메리카인디언의 요소를 가지고 있다고 하는데 김동춘 씨는 그의 천부경과 단군신화에서 이 다양한 요소를 지닌 인골이 한국인의 특성과 같다고 하고 있으니 한국인은 좀 더 연구가 필요한 복잡한 존재들인지도 모른다.

▲ 제주도 대정읍의 돌하르방

138) 김병호, 우리의 잃어버린 역사를 찾아서, 252쪽 ~ 255쪽, 하서출판사, 2003

한나라 황제가 수여했다는 뱀 모양의 손잡이가 있는 금인이 유독 운남성의 한 지방 정권과 우리의 남부에 있었거나 일본 규슈의 해안 지대를 중심으로 활약하였을 한 세력에게만 주어졌다는 것은 이들이 서로 이어지는 뱀과 연원이 있는 해양세력들이었다는 것을 의미하는 듯하다.

우리 땅에 남아있는 수많은 용의 이름 지명들이 또한 이를 증명하고 있다. 평안남도 강동군 일대에 산재되어 있는 숫한 용의 이름들만 예를 들어도 구룡산, 용교, 용복동, 용흥동, 와룡동, 신룡동, 흑룡동, 번룡동, 용천동, 용연동, 용호동, 운룡동, 용정리, 용복사 등이 있고 이곳에 널리 산재되어 있는 고인돌을 상징하는 석름동, 입석동, 반석동 등의 존재 역시도 바다를 터전으로 살아가던 혈연들의 흔적이라 할 것이다. 강화도와 서해안 일대 그리고 남부지방 특히 나주 일원과 일본으로 넘어가는 징검다리 섬들에 수많은 용과 관련된 이름이 있음을 다시 한 번 상기해보자. 영산강의 발원이 용천산이고 담양군 용면에는 용추봉이 있고 장성에서 발원되는 영산강 지류의 이름은 황룡강이며 나주의 다시면에는 백룡산이 그리고 동강면에는 옥룡산이 있다. 봉황면에는 용제산이 있고 그 기슭에 용반 마을이 있다. 구례군에도 용반면이 있다. 지명은 실제 역사와 관련이 많이 있다. 그곳에 살았던 사람들이나 어떤 역사적 사실 등에 의해 만들어지고 그 후 대대로 전해오는 이름이 지명이다. 일본지역으로 넘어가면 용들은 신이 되어 신전에 모셔져 있다.

농경문화와 유목민들의 유입으로 지워지고 사라져갔지만 용을 상징으로 하는 해양세력의 유전인자는 아직 우리에게 남아 살아 숨 쉬고 있다.

독일지역에서 도시 또는 성채를 의미하는 'burg'라는 명칭과 칸차나부리 등 태국지역의 '부리'가 포함된 지명, 그리고 우리의 '불휘', '밝' 그리고 '서라벌' 등과의 관계 역시도 유럽과 우리와의 관계를 이야기해주는 것이라 생각되며 역시 독일에서 계곡 등을 일컫는 'tal'이라는 접미어는 '아사달'의 '달'처럼 계곡 또는 산을 의미한다는 사실 등과 관련하여 역시 이들의 상호연관성을 이야기해주고 있다고 생각한다. 최종고 교수는 그가 독일 체류 시 쓴 시에서 "탈, 탈, 탈 왜 이렇게 탈도 많은가?"라고 할 정도로 그가 있던 프라이부르크 주변 계곡들의 이름은 '…tal'이었다. 독일지역에 살던 이들이 우리 쪽으로 왔거나 아니면 우리의 선조들이 유럽으로 갔을 것이다. 나치의 학자들이 자신들의 선조가 사라진 대륙, 레므리아에서 온

아리안족이라고 주장하였다는 것 그리고 진시황 등이 신선이 사는 곳으로 제주도를 지목하고 그곳을 숭모하였다는 사실 등을 같이 결합해보면 10,000년 전 대홍수시절 사라진 대륙과 우리와의 관계를 연구해볼 가치가 있다고 생각한다. 그 사라졌다는 대륙이 우리의 남서해일대가 아니었을까? 대륙붕의 분포를 보면 그런 생각도 부질없기만 한 것은 아닐 것이다. 왜 우리는 서해바다 속을 조사하지 않는지 의아하다. 미국 북서부 해안의 바다 속을 조사한 학자들은 원래는 육지였던 많은 증거들을 찾았다고 한다. 우리나라의 생김새를 보면 동·서해와 남해를 잇는 강이 흘렀던 모습을 발견할 수 있다. 강이 바다가 되어 많은 주변의 육지가 수몰되었다면 그곳에 살던 주민들은 어디론가 피해갔을 것이다. 신선이 사는 곳으로 인식되었던 영주, 봉래 등이 모두 우리나라에 있는 것으로 보면 10,000년 전 대홍수에 살아남은 고대인들이 있었다는 증거이고 또 그들이 추앙되고 있는 것은 그만한 연원이 있을 것이다.

중국 사람들이 기원전 4,300년부터 있었다고 이야기하는 다원커우(大紋口) 문화는 동이족이 살던 산동 지방에서 시작하여 그 중 하반기에는 해안선을 따라 장수성 남쪽과 절강성 북

쪽까지 확산되었다는데[139] 그렇다면 이 동이족이라는 존재는 구석기문화 말 대홍수로부터 살아남은 해양생활에 익숙한 이 땅의 선조들이 아니었을까? 아니면 한때 고향을 떠나 서쪽으로 갔다가 다시금 바다를 통해 고향인 동북아시아로 돌아온 선조들일 가능성도 있다.

중국 고분에서 출토되는 옛 기물들 중 뱀의 문양을 갖고 있는 기물들은 거의 전부 남방계이다. 일본, 한국, 대만, 남양지역과 해상으로 교역하였던 오나라지역인 닝보, 샹하이, 항저우, 타이후(太湖) 유역의 삼각지대나 촉(蜀)지역 등에서 출토되는 기물들에서는 뱀이나 용들이 서리고 얽힌 모습들이 그려져 있거나 상감 되어있는 것들이 있다. 고대에는 이들 남방계인 해양세력들을 분명하게 이족으로 인식하고 있었던 듯하다. 우리의 경우에도 구별이 분명하였던 흔적들이 산견된다. 우리 고대의 해양세력들은 일본과 중국 남부 그리고 산동에 이르는 광대한 지역에 해외식민지를 건설하는 등 활발히 활동한 것으로 알려져 있다. 포상8국의 전쟁 이후 이들은 대체로 일본지역으로 이주하였거나 서남해안을 중심으로 세력권을 형성하고

139) 李學勤, 이유표 번역, 의고시대를 걸어 나오며 (走出疑古時代)68쪽, 글항아리, 2019

있다가 후백제의 견훤과 고려 왕건세력의 기반이 되기도 하였던 것으로 알려져 있다.

맺는말

우리 해안선을 따라 화진포에서 시작하여 남으로 내려오며 선조들이 남긴 역사와 문명의 발자취를 기록하던 나의 눈앞에 수많은 용의 이름들이 등장한 때는 나의 여행이 나주와 함평에 이르렀을 때이다. 나는 그때 돌연히 솟아오른 그 많은 용의 이름들이 당황스럽고 또 혼란스러웠다. 한편 두 아들의 태몽에서 나에게 달려와 품에 안긴 뱀들의 존재로 인해 뱀과 나의 관계는 그 근원을 밝히지 않으면 아니 될 숙명적 관계가 되어 있었다. 어느 순간 나는 뱀과 용이 역사 속에서 하나였다는 사실을 알게 되었고 이로 인해 지난 수년 동안 나는 역사 속의 뱀과 용을 찾아 많은 기록들 속을 그야말로 헤집고 다녔다. 그 결과 과거에는 전혀 상상도 할 수 없었던 길고도 오래된 뱀과 용의 역사가 인류의 문화사 속에 있었음을 알게 되었다. 지난 수십 년간 나도 모르는 어떤 힘에 의해 미친 듯 세계를 돌아다니며 그 무언가를 찾아온 그 무엇이 바로 이것 내 DNA속에 살아 있는 뱀과 용 때문이었다는 사실을 이제

나는 알게 되었다. 그리고 그 뱀과 용이 DNA 속에 살아 있는 사람들이 나 말고도 나의 이웃에 있다는 사실도 알게 되었다. 거대한 파도에 대항하던 이들의 저항 정신은 면면히 이어져 내려와 일제에 항거하여 나라를 지키고 외래 종교에 대항하여 독자적 종교를 창시하였으며 독재에 맞서 궐기하고 지금도 불의에 횃불을 들게 하고 있다.

참고문헌

국내

· 김동춘, 천부경과 단군신화, 가나출판사, 1986

· 김원익, 한국의 신화연구소, 바다출판사, 2011

· 김재원, 단군신화의 신연구, 탐구당, 1984

· 남도영, 駕洛의 說話, 종교문화사, 1986

· 단군학회, 단군과 고조선 연구, 지식산업사, 2005

· 박태순, 나의 국토 나의 산하, 한길사, 2008

· 박시인, 알타이 文化史 硏究, 探求堂, 1982

· 백산학회, 한민족의 상고사, 1985

· 서동인, 흉노인 김씨의 나라 伽倻, 주류성, 2011

· 손성태, 우리민족의 대이동, 코리, 2016

· 양승윤, 바다의 실크로드, 청아출판사, 2003

· 이병선, 任那國 과 對馬島, 아세아문화사, 1987

· 이영문, 고인돌 역사가 되다, 학연문화사, 1988

이요엘, 12지파 탐사여행, in크리스토, 2018
이윤기, 길에서 듣는 그리스 로마 신화, 작가정신, 2002
· 이형구 · 박노희, 廣開土大王陵碑 신연구, 1987
· 임춘택, 왕인박사 일대기와 후기 마한사, 영암문화원, 1998
· 자현, 붓다 순례, 불광출판사, 2014
· 정영규, 수메르 이스라엘 문화를 탄생시킨 한 민족, 한국문화사, 2004
· 진은숙, 하타씨 연구, 단국대학교 학위 논문, 2016
· 한문희 소수호 공저, 대마도의 진실, ㈜푸른길, 2015

번역서

· 발터 부르게르트, 남경태 역, 그리스 문명의 오리엔트 전통, 사계절, 2008
· 사무엘 노아 크레이머, 박성식 역, 역사는 수메르에서 시작되었다, 도서출판 가람기획, 2018
· 조르주 뒤메질, 김현자 옮김, 인도유럽 신화의 비교 연구, 민음사, 2018

· Arnold Joseph Toynbee, 홍사중 옮김, 역사연구, 동서문화사, 2016
· Atlas, 중앙아시아 사, 김호동, 사계절출판사, 2016
· J. Diamond, 김진준 번역, 총 균 쇠, 문학사상사, 1998
· Joseph Campbell, 구학서 역, 여신들, 청마, 2016
· Peter Frankopan, 이재황 역, The Silk Road, 도서출판 책과 함께, 2015
· Steven Greenblatt, The Rise and Fall of Adam & Eve, Baron International 2017, 정명목 번역, 아담과 이브의 모든 것, 까치글방, 2019
· 李學勤, 이유표 번역, 의고시대를 걸어 나오며(走出疑古時代), 글항아리, 2019

국외

· Edith Hamilton, Mythology, New American Library, New York, 1942
· Gary Greenberg, 101 Myths of the Bible, Sourcebook

· 奧野正男, 邪馬台國發掘, PHP文庫, 1989
· 築柴豊, 志賀島物語. 株式會社 文獻出版, 昭和55
· 吉田藏樹, 日本古代地名事典, 新人物往來社, 平成18年
· 大和岩雄, 秦氏の硏究, 大和書房, 1995

정기간행물

· 志賀島たょり12號, 志賀島 歷史 硏究會 2012.11.
· 志賀島たょり14號, 志賀島 歷史 硏究會 2013.9.
· 志賀島たょり20號, 志賀島 歷史 硏究會 2015.11.
· 志賀島たょり22號, 志賀島 歷史 硏究會 2016.8.
· 季刊 邪馬台國 (奴國の 時代) 127號, 季刊 邪馬台國 編輯 委員會, 平成 27年
· 季刊 邪馬台國 (奴國の 時代) 128號, 季刊 邪馬台國 編輯 委員會, 平成 28年

박물관지

· 국립나주박물관지, 2013

· 국립제주박물관지, 2011

사전류

· Oxford Dictionary of Classical Myth & Religion, edited by Simon Price and Emily Kearns, Oxford University Press, 2003

· The World's Religions edited by Christopher Partridge, Lion Hudson Ple England, 2005

김영수 여행에세이

속, 해안선에 남겨진 이름들

초판인쇄일 2021년 1월 11일
초판발행일 2021년 1월 15일

지은이 : 김영수
발행인 : 김순진
편집장 : 전하라
디자인 : 김초롱
펴낸곳 : 도서출판 문학공원
등 록 : 2004년 3월 9일 제6-706호
주 소 : 우편번호 03382 서울 은평구 통일로 633
녹번오피스텔 501호 스토리문학사
전 화 : 02-2234-1666
팩 스 : 02-2236-1666
홈페이지 : www.munhakpark.com
이메일 : 4615562@hanmail.net

※ 책값은 뒤표지에 있습니다.